하루를 완성하는 한잔

오늘의 맥주

오늘의 맥주

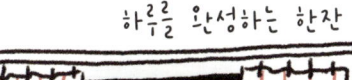

하루를 완성하는 한잔

글·사진 이성준

오운

들어가는 말

오늘을 채워주는 한잔, 맥주.

맥주로 가득 찬 냉장고를 보며 오늘도 A양은 한숨 쉬며 내게 말한다. "아니, 뭐가 이렇게 많아? 제일 좋아하는 거 한 가지만 사, 한 가지만!" 나도 사람인지라 매번 똑같은 잔소리는 듣고 싶지 않다. 하지만 그렇게 간단한 문제가 아니다. 한 가지 맥주만 마신다는 건 사실상 불가능에 가깝다. 아니 불가능하다.

사람들은 누구나 자신만의 플레이리스트를 갖고 있다. 기분이 우울할 때 찾는 음악이 있고, 퇴근길 하루를 마무리하며 듣는 음악이 있다. 또 괜히 옛날 생각이 날 때 찾아보는 영화가 있고, 추운 겨울날 마음을 따뜻하게 녹여주는 영화가 있다. 나에겐 맥주가 그렇다. 퇴근 후 지친 몸과 마음을 위로해주는 강서맥주가 있고, 무더운 여름이 오면 가장 먼저 찾게 되는 클라우드 오리지널이 있다. 여기에 특별한 날을 더욱 특별하게 만들어주는 풀러스 ESB, 그리고 A양과 알콩달콩(?)했던 시절을 떠오르게 하는 린데만스 뻬슈레제까지. 맥주도 음악이나 영화와 다르지 않다. 나를 위로해주기도, 하루를 멋진 날로 만들어주기도, 가끔은 기억 속의 누군가를 혹은 그리운 추억을 떠올리게 해준다. 오늘 마시는 맥주 한잔은 하루를 온전히 내 감정과 추억으로 채워주는 플레이리스트인 셈이다. 이것이 내가 한 가지 맥주만 마실 수 없는 이유다. 오늘은 오늘과 어울리는 한잔을 마셔야 한다.

맥주 플레이리스트를 만드는 건 결코 거창하거나 어려운 일이 아니다. 나처럼 평범한 사람도 큰 노력 없이 맥주를 즐기고 있는 걸 보면, 세상에서 가장 쉬운 일 중 하나임이 분명하다. 이 책을 읽는 여러분이 할 일은, 책에서 소개하는 맥주를 그저 따라 마셔보는 것뿐이다. 맥주를 마시며 맛에 집중하고 오늘 나의 감정과 느낌을 기억하기만 하면 된다. 아마 이 책을 다 읽을 때쯤에는 취향에 맞는 새롭고 다양한 맥주를 마시고 있는 자신을 발견하게 될 것이고, 결국에는 오직 여러분만의 맥주 플레이리스트를 하나둘 채워나가고 있을 것이다.

나는 여러분이 나보다 훨씬 다채롭고 풍성한 맥주 플레이리스트를 만들기를 진심으로 바란다. 더 이상 취하기 위해 마시는 게 아니라, 맥주를 통해 오늘 하루를 온전히 여러분의 감정과 추억으로 가득 채울 수 있길 기원한다. 그럼, 이제 나의 맥주 플레이리스트를 살짝 펼쳐보겠다. 부디 여러분에게 맥주가 조금 더 가까워지길 희망하면서.

2023년 봄, 이성준

목차

들어가는 말 4p

딱 한 장으로 정리하는 맥주의 모든 것 8p

1. 편의점에서 만나는 월드클래스 맥주

- 필스너 (Pilsner) 12p
- 페일 라거 (Pale Lager) 18p
- 헤페바이젠 (Hefeweizen) 24p
- 윗비어 (Witbier) 30p
- 포터, 스타우트 (Porter, Stout) 38p
- 페일 에일 (Pale Ale) 44p
- 인디아 페일 에일 (IPA, India Pale Ale) 48p
+ 다양한 맥주를 만날 수 있는 장소들 55p

2. 열심히 일한 당신을 위한 맥주

- 퇴근 후 마시기 좋은 데일리 맥주 59p
- 일요일 밤 9시, 월요병을 물리치는 맥주 71p
- 간만에 하루 쉬는 날, 평화를 선물해주는 맥주 85p
- 재택근무 중, 양심과 충동 사이에서 마시기 좋은 맥주 95p
+ 처음 보는 맥주의 맛을 예측하는 방법 104p

3. 사랑에 빠진 당신을 위한 맥주

- 딱딱한 분위기를 풀어줄 달콤한 맥주 ················· 109p
- 조금 더 깊은 관계를 위한, 더 짙고 더 달콤한 맥주 ········ 115p
+ 매일 사용하기 좋은 맥주잔 고르는 방법 ··············· 126p
- 잊을 수 없는 오늘을 위한 특별한 맥주 ················ 129p
- 그만 좀 마시라는 잔소리를 회피할 수 있는 맥주 ········· 139p
+ 맥주를 보관하는 적절한 방법과 기간 ················· 148p

4. 날씨와 계절을 즐길 줄 아는 당신을 위한 맥주

- 따스한 봄, 햇빛 아래 테라스에서 즐기기 좋은 맥주 ········ 151p
- 무더운 여름, 맛과 청량감을 모두 잡아주는 맥주 ·········· 157p
- 장마철 어두운 방에서 영화 보며 혼자 마시기 좋은 맥주 ···· 167p
- 더위와 시원함의 경계, 즐거운 맥주 축제 시즌에 어울리는 맥주 ··· 177p
+ 여러 종류의 맥주를 마실 때 순서 정하는 방법 ··········· 188p
- 추위를 따뜻하게 감싸주는 맥주 ····················· 191p

5. 정 많고 베풀 줄 아는 당신을 위한 맥주

- 미운 정 고운 정 삼촌뻘 직장 상사 K와 함께하기 좋은 맥주 ····· 203p
+ 병맥주와 생맥주, 결정장애 극복하는 방법 ·············· 210p
- 이십년지기 친구의 '네 집 장만'을 축하해 줄 수 있는 맥주 ······ 213p
- 나이를 초월한 친구와 함께 즐기기 좋은 맥주 ············ 223p
- 세상에서 가장 소중한 존재, 가족과 함께 즐기기 좋은 맥주 ···· 229p
+ 맥주를 즐길 때 가장 중요한 것 ···················· 236p

딱 한 장으로 정리하는 맥주의 모든 것

"물 + 맥아 + 홉 + 효모 = 맥주"
Water　　Malt　　Hop　　Yeast　　Beer

맥주麥酒는 말 그대로 보리를 발효시켜 만든 술이다. 쌀로 술을 만들면 막걸리가 되고, 포도로 술을 만들면 와인이 되듯, 보리로 술을 만들면 우리가 사랑하는 맥주가 된다. 정확히는 보리가 아니라 보리麥, 맥에 싹芽, 아을 틔운 '맥아Malt, 麥芽'로 맥주를 만든다. 맥주를 만들 때 맥아를 사용하는 이유는 보리를 사용했을 때보다 발효에 필요한 당을 쉽게 얻을 수 있기 때문이다. 맥아는 당을 공급하는 역할뿐만 아니라 곡물, 견과류, 빵, 캐러멜, 커피, 초콜릿 등의 맛을 내기도 한다.

맥주를 마실 때 꽃, 과일, 허브 같은 화사한 향기나 쌉쌀한 쓴맛도 느껴진다. 바로 '홉Hop'이라는 식물 덕분이다. 맥주에 독특한 맛과 향을 부여하고 심지어 방부제 역할도 해, 맥주의 맛을 크게 좌우하는 중요한 재료가 된다.

그리고 절대 빠뜨릴 수 없는 '효모Yeast'. 효모는 맥아에서 나온 당을 먹고 알코올과 이산화탄소를 배출하는데, 이 발효 과정이 있어야만 비로소 "술"이 된다. 효모 역시 맥주 스타일에 따라 바나나, 복숭아, 살구 등 과일 맛을 뽐내며 맥주 맛에 직접 관여하기도 한다.

지금까지 소개한 맥아, 홉, 효모는 '물Water'이라는 넓은 놀이터에서 만나 저마다의 색깔을 드러내고 서로 영향을 주고받으며 세상에서 가장 맛있는 음료, 맥주로 변신한다. 모든 맥주의 기본은 이렇게 물, 맥아, 홉, 효모이고, 이것이 맥주의 전부다. 그리고 이 기본 재료의 활용 방법에 따라 맥주는 수많은 스타일로 나뉜다. 어떤 맥아를 중점적으로 사용하는지, 어떤 홉을 언제 얼마나 넣는지, 어떤 효모를 넣어 어떤 온도에서 발효시키는지, 또는 어떤 부재료를 추가로 넣는지에 따라 맥주는 다양한 스타일로 다채로운 즐거움을 선사한다.

언뜻 봐도 많을 것 같은 여러 스타일의 맥주를 제대로 즐기려면 어떻게 해야 할까? 맥주 전문 샵에 가봐야 할까? 전문가에게 맥주 추천을 받아야 할까? 아니면 맥주 강의라도 들어야 하는 걸까? 아니, 전혀 그럴 필요 없다. 맥주를 제대로 즐기기 위한 첫걸음은 그저 퇴근길, 편의점에 잠깐 들르는 것만으로 충분하다. 우리가 종종 맥주를 구입하러 들렀던 그곳, 어쩌면 시시한 맥주만 판다고 착각했을 그곳. 집 앞 편의점은 맥주를 시작하기에 충분, 아니 완벽한 곳이다.

편의점에서 만나는 월드클래스 맥주

맥주는 편의점에서 시작해라!

이제 막 맥주에 관심을 두게 된 사람들에게 내가 꼭 해주는 말이다. 편의점에 별거 있냐고? 응, 별거 있다. 그것도 엄청 많이 있다. 편의점에는 시시한 맥주만 팔고 훌륭한 맥주는 비싼 맥주 전문 샵에서만 구할 수 있다고 오해할 수 있지만, 오히려 진짜 '근본'은 편의점에 있다. 다양한 스타일의 맥주가 골고루 포진된 것은 물론 각 스타일을 대표하는 월드클래스 '근본' 맥주까지 가득하다. 편의점 맥주도 제대로 마셔보지 않고 맥주를 논하는 건 사칙연산도 모른 채 미적분을 푸는 꼴이다.

편의점 맥주를 씹고 뜯고 맛보고 즐겨봐야 맥주의 스타일을 완벽하게 이해할 수 있고, 다양한 맥주를 즐기기 위한 기본기를 탄탄하게 쌓을 수 있다. 물론 편의점 맥주를 모두 마셔봐야 한다는 건 아니다. 각 스타일을 대표하고 세계적으로도 인정받는 "월드클래스 맥주"만 마셔도 충분하다.

도보 5분, 4캔 11,000원.
가장 가까운 곳에서 저렴하게, 그리고 확실하게 맥주를 시작해 보자.

필스너

Pilsner

최초의 황금빛 맥주이자
최고로 아름다운 맥주

"특유의 향기는 아름다운 장미를, 쌉쌀한 손맛은 장미의 가시를 닮았다. '아름답다'는 말을 위해 태어난 여왕의 맥주."

맥주는 원래부터 황금색이었을 것 같지만 의외로 황금색 맥주의 역사는 약 200년에 불과하다. 이전까지는 맥아를 검게 그을려 건조했고, 이 맥아로 만든 맥주 역시 어두운색이었다.

황금빛 혁명은 체코의 플젠Pilsen 지방에서 시작됐다. 선진 건조 기술을 도입해 맥아를 밝은색으로 건조하기 시작했고, 이에 따라 맥주도 밝게, 황금색으로 빛나게 됐다. 여기에 체코의 명물 사츠 홉Saaz Hop을 넣어 이제 맥주에서는 화사한 꽃향기까지 넘실거리게 됐다. 새로운 맥주의 등장에 사람들은 찬사를 보냈고, 플젠 지방의 이름을 따 필스너Pilsner라 불렀다. 지금 우리가 떠올리는 황금색 맥주의 기원은 이 아름다운 맥주, 체코의 필스너다.

필스너 우르켈
Pilsner Urquell

"금으로 만든 장미꽃 한 송이"

체코
Czech

금빛 맥아는 꿀을,
화사한 홉은 장미꽃을 담았다.
가장 필스너다운 맛을 보여주는 원조 필스너.

최초의 황금빛 맥주가 필스너라고 했는데, 최초의 필스너는 이 필스너 '우르켈'이다. 우르켈Urquell은 독일어로 '근원, 기원'이라는 뜻으로 필스너 우르켈은 원조 필스너라고 해석할 수 있겠다. 이름에서부터 근본이 넘쳐흐르는 이 원조 필스너는 어떤 맛일까? 옛날 맥주니까 구닥다리 맛 아니겠냐고? 다행히 근본 그 자체의 맛이다.

맥주를 마시기 전, 그저 맥주를 바라보고 냄새를 맡아보는 것만으로도 원조 필스너의 매력을 제대로 느낄 수 있다. 찬란하게 빛나는 황금빛 외관과 화사하게 풍겨오는 꽃향기. 지금 우리가 봐도 이토록 아름다운데 그 옛날 체코 사람들은 필스너 우르켈을 처음 보고 얼마나 놀랐을지 가늠조차 되지 않는다. 하지만 외관과 향이 좋다고 벌써 놀라면 곤란하다. 맛은 더 깜짝 놀랄 만큼 아름다우니까.

가장 먼저 느껴지는 맛은 단맛이다. 곡물을 계속 씹으면 느껴지는 단맛을 닮았는데, 과장 조금 보태서 엿 같기도, 꿀 같기도 하다. 그다음엔 필스너 우르켈의 전매특허, 아름다운 꽃향기가 느껴진다. 내가 지금 집에서 맥주를 마시고 있는 건지, 장미꽃이 만발한 초원 한 가운데에 서 있는지 분간할 수 없을 정도다. 맥주를 한 모금 마시고 깊게 숨을 들이마시면, 이 아름다운 향기가 기관지와 모든 모세혈관에 스며들며 맥주 마시는 즐거움이 무엇인지 제대로 깨닫게 해준다. 마지막에 느껴지는 맛은 필스너 특유의 쌉쌀한 맛. 장미에 가시가 있는 것처럼 필스너 우르켈에는 쓴맛이 있다. 가시처럼 날카롭고 까칠하지만 아름다움을 완성해주는 마지막 퍼즐. 이 쓴맛 덕분에 입 안에 남아있는 잔향이 깔끔하게 싹 정리된다.

혹시 금金에 맛이 있다면 이런 맛이 나지 않을까, 즐거운 상상에 빠지게 만드는 필스너 우르켈. 본격적으로 맥주를 시작하는 여러분에게 가장 먼저 소개하고 싶은 맥주다.

부데요비츠키 부드바르
Budějovický Budvar

"집에서 엄마가 만들어준 것 같은 필스너"

체코
Czech

필스너 우르켈에 비해
전반적으로 온화한 맛이다.
조미료 팍팍 들어간 식당 음식이 아닌,
좋은 재료로만 만든 집밥 같달까.

'원조 버드와이저' 혹은 '버드와이저 오리지널'로 잘 알려진 맥주다. 필스너 우르켈의 성공 이후, 체코의 여러 도시에서도 필스너 맥주를 양조하기 시작했다. 체코의 남부 도시 체스케 부데요비체에서도 마찬가지였는데, 맥주 이름을 '부데요비츠키Budějovický 부드바르'로 지어 체코에서 만든 필스너임을 강조했다. 그런데 미국의 한 맥주 회사에서 부데요비츠키의 독일어 표기명인 '버드와이저Budweiser'를 본인들의 맥주 이름으로 사용하면서 혼란과 분쟁이 시작된다. 지금까지도 두 회사 사이에는 법적 분쟁이 진행 중이라고… 아무튼 이런 배경으로 인해 부데요비츠키 부드바르를 처음 접하는 사람은 버드와이저 짝퉁이 아니냐 의심할 수 있지만 오히려 이쪽이 원조 되시겠다.

이 비운의 맥주 부데요비츠키 부드바르는 전체적으로 필스너 우르켈에 비해 온화한 맛이 특징이다. 우선 필스너의 큰 특징 중 하나인 달콤한 맥아의 맛은 필스너 우르켈과 비슷하거나 조금 약하게 느껴진다. 반면 쓴맛은 확연히 약한 편으로 쌉쌀한 느낌이 살짝 스쳐 지나가는 것처럼 아주 가볍게 느껴진다. 필스너 우르켈이 너무 쓰다고 생각하는 분들에겐 오히려 이 부드바르가 더 잘 맞을지도 모르겠다. 아아, 오해는 하지 마시라. 필스너 특유의 꽃향기는 결코 약하지 않기 때문에 밍밍하다거나 나약한 느낌의 필스너는 절대 아니다.

흔히 밖에서 먹는 음식을 자극적이라고 말한다. 조미료 듬뿍 들어간 음식은 어쩐지 맵고 짜다. 반면 집에서 엄마가 해주는 밥은 비록 큰 자극은 없을지라도 안정적이고 편안한 맛이다. 부데요비츠키 부드바르는 그런 엄마의 요리를 닮아있다. 그래서인지 엄마의 집밥처럼 매일 먹기에는 이쪽이 더 좋을지도 모르겠다. 만약 어머니께서 요리를 잘하지 못하신다면 아쉽지만, 친구의 어머니를 생각하며 마셔보자.

페일 라거

Pale Lager

가장 대중적인 맥주이자,
가장 과소평가 받는 맥주

"당신이 어제도 오늘도 마셨을 익숙한 맥주. 익숙함에 속아 만만하다고 착각했겠지만 제대로 마셔보면 짙고 굵직한 맛에 깜짝 놀랄지도 모른다."

카스, 테라, 스텔라 아르투아, 칭따오, 아사히 등 우리가 줄곧 마셔온 맥주, 우리를 비롯해 전 세계인들에게 가장 익숙한 맥주가 바로 페일 라거다.

필스너의 등장 이후 사람들은 점점 쓴맛이 적고 가벼운 맛의 맥주를 원하게 됐다. 이러한 수요에 맞춰 탄생한 맥주가 바로 페일 라거다. 쓰지 않고 음용성이 좋은 필스너랄까? 그런데도 사람들은 점점 더 가벼운 맥주를 원했고, 이런 흐름에 따라 맥아에 쌀, 옥수수, 전분 등의 부가물을 혼용해 음용성을 극도로 높인, 아주 가벼운 맛의 페일 라거까지 등장한다.

이렇게 점점 "쉬운" 맛의 페일 라거가 넘쳐나자 페일 라거를 밍밍한 맥주라고 착각하는 사람들도 많아졌다. 하지만 페일 라거는 결코 밍밍한 맥주가 아니다. 진짜배기를 마셔보면 짙고, 두툼하고, 달콤한 맥아의 맛에 '아, 그동안 오해해서 미안해!'라며 페일 라거의 매력에 풍덩 빠져버릴지도 모른다.

하이네켄 오리지널
Heineken Original

"수학은 수학의 정석,
페일 라거는 하이네켄"

네덜란드
Netherlands

단단한 맥아와 쌉쌀한 홉의 완벽한 조화.
짜장면 잘하는 노포 중국집처럼
기본에 충실한 명품 페일 라거.

편의점, 마트, 심지어 동네 슈퍼까지 어디서든 쉽게 볼 수 있기 때문에 만만한 맥주라고 생각할 수 있겠지만, 하이네켄은 절대 허접한 맥주가 아니다. 하이네켄은 페일 라거의 표준으로 삼아도 부족하지 않을 만큼 훌륭하다.

일단 마셔보면 고소하고 달콤한 맥아의 맛이 생각했던 것보다 훨씬 두툼하고 딴딴하다. 마치 연금술을 사용해 맥아를 통째로 액체화한 느낌이랄까? PT를 받아 체계적으로 관리된 근육질 몸매의 딴딴한 맥아를 먹는 것 같다는 생각이 들 정도로 짙은 곡물 맛이 잘 느껴진다. 홉의 존재감도 빼놓을 수 없다. 홉은 쓰다기보다 쌉싸름하다. 이 쌉싸름한 맛은 앞서 이야기한 맥아의 두툼하고 달달한 맛을 깔끔하게 정리해준다.

짜장면 잘하는 중국집을 찾기 어려운 것처럼, 이렇게 맥아의 묵직한 맛과 홉의 쌉싸름한 맛의 균형을 갖춘 맥주를 찾기란 의외로 힘들다. 다른 페일 라거를 마실 때 하이네켄에 비해 단맛이 강하다, 쓴맛이 약하다 등 비교의 기준으로 삼아도 좋을 모범적인 맛이다.

아직도 '페일 라거 그거 말 오줌 아니야?'라는 그릇된 생각을 하고 있다면 지금 당장 편의점으로 달려가 모든 편견을 버리고 깨끗한 마음으로 하이네켄을 음미해보길 바란다. 하이네켄, 그리고 페일 라거는 당신이 그동안 착각했던 것만큼 만만한 맥주가 아니었다는 걸 알게 될 것이다.

칼스버그
Carlsberg

"누룽지 사탕을 녹인 맛"

덴마크
Denmark

맥아의 강한 단맛이
추억의 누룽지 사탕을 떠오르게 한다.
하이네켄보다 조금 더 센(?) 페일 라거.

칼스버그는 내 고정관념을 바꿔놓은 맥주다. 사실 그동안 덴마크는 "레고 블록"밖에 내세울 게 없는 나라라고 생각했다. 하지만 지금은 칼스버그라는 훌륭한 맥주를 있게 한 유럽 최고의 국가 중 하나로 동경하고 있다.

칼스버그의 맛을 한마디로 정의하자면 "하이네켄 + 단맛"이라고 할 수 있다. 하이네켄처럼 맥아의 딴딴한 맛은 물론, 여기에 훨씬 두툼한 단맛까지 느낄 수 있다. 과장 좀 보태서 어릴 적 아빠와 자주 가던 중국집 카운터 위 입가심용 누룽지 사탕을 닮았달까. 곡물 맛과 함께 어른스러운 단맛을 뿜어내던 그 추억의 누룽지 사탕 말이다. 이 두툼한 단맛이 사라지고 나면 역시나 쌉쌀한 홉이 깔끔하게 맥주 맛을 마무리해 준다. 하이네켄보다 맥아의 캐릭터가 강하다고 해도, 홉 역시 그만큼 강하게 끝을 맺어주기 때문에 입 안에 불쾌한 뒷맛이 남지 않아 개운하게 마실 수 있다.

혹시나 하이네켄을 마셔보고도 '아, 역시 페일 라거는 좀 밍밍하구나~.'라는 생각이 든다면 꼭 칼스버그를 마셔보길 바란다. 나는 본가에서 맥주를 마실 때마다 엄마와 누나에게 늘 한 모금씩 권하곤 하는데 엄마는 칼스버그의 맛이 너무 세서(?) 싫다고 하셨다. 밍밍해서 별로인 게 아니라 맛이 세서 싫다고 하시는 걸 보니, 나름 맥주 감별사인 우리 엄마에게도 인정받은 제대로 된 맥주가 아닐까.

헤페바이젠

Hefeweizen

바나나보다
더 바나나 같은 맥주

"바나나가 헤페바이젠을 닮은 건지, 헤페바이젠이 바나나를 닮은 건지 모르겠다. 향긋한 바나나 맛과 풍성한 거품으로 즐거움을 주는 맥주."

우리가 흔히 밀맥주라고 부르는 헤페바이젠Hefeweizen은 독일어 Hefe효모와 Weizen밀이 합쳐진 단어다. 말 그대로 효모와 밀맥아가 주인공인 맥주 스타일인데, 맥주의 기본인 '정제수 + 맥아 + 홉 + 효모'에 '밀맥아'를 더해 만들어진다.

헤페바이젠의 가장 큰 특징은 달콤한 바나나 맛과 풍성한 거품이다. 헤페바이젠에 사용되는 특유의 효모Hefe는 맥주에 바나나 맛과 향을 불어넣고 밀맥아Weizen는 풍성한 거품을 형성한다. 헤페바이젠이라는 이름에 이미 특징이 모두 담겨있다고 볼 수 있다.

세계적인 헤페바이젠은 상당수 독일에서 양조 되는데, 이 훌륭한 맥주들 역시 유라시아 대륙 반대편인 우리 집 앞 편의점에서도 쉽게 만날 수 있다.

파울라너 헤페바이스비어
Paulaner Hefeweissbier

"바나나는 10개 먹으면 질리지만,
파울라너는 100잔 마셔도 질리지 않는다."

독일
Germany

분명 바나나 맛이 나지만 달지는 않다.
단맛 없이 오로지
바나나 향만 느껴지기 때문에
10잔, 아니 100잔을 마셔도
질리지 않을 것 같다.

이 책을 쓰면서 가장 많은 시간을 들이고, 여러 번 수정한 맥주가 지금 소개하는 이 파울라너 헤페바이스비어다. 파울라너를 어떻게 설명해야 할까… 자주 마시는 맥주이기 때문에 쉬울 거라 예상했지만 완전히 틀렸다. 너무나 표준적인, 헤페바이젠의 기준 같은 맛이라 오히려 설명하기 어렵다.

가장 먼저 눈에 띄는 건 역시나 헤페바이젠 특유의 풍성한 거품이다. 포토샵으로 거품의 일부만 떼어낸 다음, 길 가는 사람을 붙잡고 이게 뭔지 맞춰보라 한다면 아마 10명 중 8명은 구름이라 답할 것 같은, 풍성한 비주얼의 거품이 특징이다. 맛은 단맛 없는 바나나 맛이다. 만약 '맛'이라는 게 눈에 보인다면 속은 텅 비어있고 겉만 바나나처럼 생긴 모습을 하고 있을 것 같다. 배가 부르고 술에 취해서 더 못 마시는 거지, 오로지 맛으로만 마신다면 단맛이 없으니 질리지도 않고 정말 100잔도 마실 수 있겠다. 그야말로 헤페바이젠의 정석. 헤페바이젠이 어떻게 생겼고, 어떤 맛인지 딱 한 잔으로 이해할 수 있는 교과서 같은 맥주다.

어? 그런데 왜 파울라너 헤페바이젠이 아니라 파울라너 헤페바이스비어냐고? 헤페바이스비어는 헤페바이젠을 칭하는 이음동의어이고, 바이스 Weiss는 독일어로 하얗다 White는 뜻이다. 맥아 건조 기술이 발달하지 못했던 과거, 밀맥주는 특유의 효모 덕분에 다른 맥주보다 뿌옇고 밝았기 때문에 헤페바이스비어라는 이름을 얻게 됐다고 한다. 그러니까 '에이 뭐야 헤페바이젠이 아니고 헤페바이스비어잖아~ 이 책 완전 돌팔이네~'라는 오해는 안 하셔도 된다.

에딩거 바이스비어
Erdinger Weissbier

"얇은 크래커에 올린
바나나 한 조각"

독일
Germany
___

'맥주답게 고소한 맛을 뽐내는 헤페바이젠.
부담스럽지 않은 헤페바이젠을 찾는
당신에게 딱 맞다.

내가 처음 헤페바이젠을 마셨을 때, 특유의 꿉꿉하고 답답한 맛 때문에 다른 스타일에 비해 크게 선호하지 않았다. 아니, 어쩌면 싫어했을 수도 있다. 바나나 맛은 좋았지만, 마치 어린 시절 열이 날 때 엄마가 먹여주시던 부루펜을 닮은 효모의 답답한 느낌이 별로였다. 이런 나의 맥주 편식을 한 방에 해결해 준 맥주가 바로 이번 주인공 에딩거 바이스비어다.

에딩거를 맥주잔에 따르는 순간부터 마시기 쉬울 것 같다. 짙은 갈색을 띠는 파울라너에 비해 월등히 옅은 외관은 보기만 해도 왠지 안심된다. 반면 풍성한 거품과 바나나 향은 파울라너에 버금갈 정도인데, 색이 연할지라도 결코 밍밍한 맥주가 아님을 단박에 알게 해준다.

맥주를 마시면 파울라너와는 완전히 다른 두 가지 특징을 느낄 수 있다. 우선 '맥'주답게 고소한 곡물 맛을 내는 맥아. 이 고소한 맛은 오독오독 씹어먹는 재미가 있는 얇은 크래커를 닮았다. 그리고 답답한 느낌이 거의 없는, 가볍고 경쾌한 캐릭터의 효모. 덕분에 맥주를 마시는 내내 답답하거나 꿉꿉하다는 생각은 전혀 들지 않는다. 이렇게 에딩거 한 잔을 마시고 있으면, 얇은 크래커에 바나나 한 조각을 올린 카나페가 떠오른다. 고소하고 달콤하며 가벼운 맛, 절대 싫어할 수 없는 맛이다.

내가 예전에 헤페바이젠을 편식했던 것처럼 누군가 헤페바이젠을 미워하고 있다면, 당장 에딩거 바이스비어를 마셔보라 권하고 싶다. 한 잔 시원하게 마시고 나면 언제 그랬냐는 듯 헤페바이젠을 사랑할 수밖에 없게 될 테니까.

윗비어

Witbier

인기 초절정의
소다 맛 맥주

"코리앤더^{고수} 씨앗 특유의 소다 맛과 오렌지 껍질이 만들어 내는 사랑스러운 맛. 봄날의 구름을 먹을 수 있다면 이런 맛이 아닐까!"

윗비어Witbier는 벨기에 플란데런 지역의 방언으로 하얀 맥주White Beer를 의미하는데, 일반적으로 플란데런 지역의 작은 마을, 후하르던에서 유래한 이 사랑스러운 맥주를 지칭할 때 쓰인다.

앞서 맥주의 기본 구성요소를 물, 맥아, 홉, 효모라고 설명했는데 윗비어는 이 기본요소 외에 들어가는 다양한 부재료 덕분에 전 세계 사람들의 사랑을 듬뿍 받고 있다. 많은 부재료 중에서도 가장 큰 특징이 되는 건 코리앤더 씨앗과 오렌지 껍질. 코리앤더 씨앗은 맥주에 캔디바 아이스크림을 닮은 소다 향을 부여하고, 오렌지 껍질은 말 그대로 오렌지 맛을 낸다.

아니, 소다 맛에 오렌지 맛이라고? 맛이 없으려야 없을 수가 없겠다. 아마 한 모금 마시자마자 음료수처럼 달콤하고 가벼운 맛에 당신도 금방 윗비어의 매력에 빠지게 될 거라 장담한다.

호가든
Hoegaarden

"폼은 일시적이지만
클래스는 영원하다."

벨기에
Belgium

괜히 효가든이 아니다.
맛이 변했다는 논란이 있음에도
여전히 훌륭한 맛을 보여주는 윗비어의 원조이자 표준.

필스너 우르켈이 필스너 맥주의 원조인 것처럼 호가든은 현대 윗비어의 원조다. 벨기에 플란데런 지역의 작은 마을 후하르던 Hoegaarden의 전통 맥주는 특유의 달콤한 맛으로 인기가 많았다고 한다. 하지만 시간이 지날수록 사람들은 점점 전통 맥주 대신 페일 라거를 찾았고, 이런 현상이 오랜 시간 계속되자 결국 전통 맥주 양조장이 모두 문을 닫게 되는 상황에까지 이른다. 당연히 맥주 레시피 역시 사람들의 기억에서 사라졌다. 그 후 1960년대에 이르러 다행히 '피에르 셀리스'라는 구원자가 나타났다. 젊은 시절 전통 맥주 양조장에서 잠깐 일 한 경험이 있던 그는 기억을 더듬어 전통 맥주 레시피를 재현하는 데 성공했다. 극적으로 되살아난 호가든후하르던 맥주는 벨기에를 넘어 전 세계에서 폭발적인 인기를 얻게 된다.

부활의 아이콘이자, 현대 윗비어의 원조인 호가든은 크게 세 가지 즐거운 맛을 담고 있다. 첫째, 밀맥주답게 은은히 깔리는 달콤한 바나나의 맛. 둘째, 코리앤더 씨앗에서 뿜어져 나오는 포근하고 달콤한 소다의 맛. 그리고 마지막은 오렌지 껍질에서 유래한 향긋한 오렌지의 맛이다. 많은 사람은 특히 코리앤더와 오렌지 껍질로 인한 달콤한 맛에 열광한다. 호가든은 '맥'주이긴 하지만, 물, 맥아, 홉, 효모보다는 다양한 부재료에서 나오는 독특한 맛과 향으로 마시는 사람에게 확실한 즐거움을 준다고 볼 수 있다.

그런데 이 호가든에 대한 걱정의 목소리가 끊이질 않고 있다. 피에르 셀리스가 설립한 양조장이 거대 자본에 넘어가면서 맥주 맛이 변했다는 비판이 있고, 한국에서는 오비맥주(주)에서 OEM 생산하고 있는 '오가든'과 벨기에산 호가든인 '벨가든'의 맛이 완전히 다르다는 의견도 있다. 이런 논란에도 불구하고 호가든을 자신 있게 소개하는 건 위에서 말한 세 가지 맛이 절묘한 균형을 이루고 있기 때문이다. 호가든은 다른 윗비어를 마셨을 때 어떤 향이 두드러지는지 판단할 수 있는, 일종의 기준 역할이 가능한 표준 맥주다. 폼은 일시적일지 몰라도 클래스는 영원하다. 원조는 괜히 원조가 아니다.

1664 블랑
1664 Blanc

"만약 알코올이 없었다면
전 세계 어린이들의
사랑까지
독차지했을 맥주"

프랑스
France

캔디바 아이스크림을 녹이면
이런 맛이 나지 않을까?
남녀노소(?) 누구나 좋아할 수밖에 없는
달콤한 윗비어.

아마 편의점에서 판매되는 맥주 중 젊은 여성 고객의 선택을 가장 많이 받는 맥주가 아닐까 싶다. 달콤한 맛 덕분이기도 하겠지만, 멋지게 만들어진 광고도 인기몰이에 제 역할을 톡톡히 하는 것 같다. 햇살 쨍쨍한 프랑스 파리에서 멋진 남녀 모델이 에펠탑을 등지고 가볍게 건배를 외치며 마시는 1664 블랑. 누가 보더라도 한 번쯤은 마시고 싶어지는 광고다.

맥주를 잔에 따르면 전반적으로 뽀얗고 반짝반짝 빛난다는 느낌을 받는다. 특히 새하얀 거품과 뿌옇고 노란 맥주는 광고 이미지와도 잘 어울린다. 하지만 1664 블랑이 인기 있는 건 역시 달콤한 맛 덕분이다. 일단 호가든에서도 맛볼 수 있는 코리앤더 씨앗에 의한 달콤한 소다 맛이 압도적이다. 호가든의 소다 맛과 비교한다면 블랑이 1.75배 정도는 더 강한 것 같다. 반면 오렌지 껍질의 역할은 훨씬 적다. 맥주의 온도가 낮을 때는 오렌지의 존재감을 느끼기 어렵고 그나마 온도가 조금 올라가면 살짝 느껴지는 정도다. 밀맥주 효모나 맥아의 역할은 더 적어서 거의 느껴지지 않을 정도로 약하다.

한 캔 시원하게 마시고 나면 누구나 사랑에 빠질 수밖에 없는 1664 블랑. 만약 이 맥주에 알코올이 없었다면 전 세계 어린이들의 사랑까지 독차지했을 것이다. 다행히 알코올이 좀 들어있어서 어린이들 빼고 어른들만 먹을 수 있다. 안 그래도 없어서 못 먹는 맥주인데 큰일 날 뻔했다.

포터,
스타우트
Porter, Stout

초콜릿보다 달고
커피보다 쓴 맥주

"검게 탄 맥아에서 느껴지는 초콜릿, 커피, 그을린 곡물의 깊은 맛. 아메리카노로 아침을 열고 스타우트로 하루를 마무리하고 싶다."

흔히 흑맥주라고 불리는 맥주다. 황금색 맥주가 당연한 우리에게는 어둡고 까만 맥주가 낯설게 느껴지기 때문에 '오우~ 최신 스타일 맥주인가'라고 착각할 수 있지만 오히려 이쪽이 훨씬 오랜 역사를 자랑하는 선배님 되시겠다.

약 300년 전만 하더라도 맥아를 어둡게 그을리거나 검게 태워야만 맥주를 만들 수 있었고, 이에 따라 그 시절 영국과 아일랜드 사람들에게는 어두운 맥주가 일상이었다.

시간이 흘러 필스너, 페일 라거처럼 밝은 맥주가 대세가 됐지만, 여전히 포터와 스타우트는 많은 사람에게 사랑받고 있으며 최근 들어서는 가장 창의적인 스타일의 맥주 중 하나가 됐다. 커피, 초콜릿이 들어가는 건 예사고 코코넛, 메이플 시럽, 귀리, 우유 등 전에 없던 맛을 내기 위해 새롭고 다양한 재료가 들어가기도 한다.

까맣다고 무서워하지 말자. 마셔보면 무섭지 않다. 그저 센 척하는 맛있는 맥주에 불과하다. 아, 포터와 스타우트는 과거에는 구분이 명확했지만, 최근에는 맛의 경계가 모호해지고 있기 때문에 함께 서술했다는 점을 참고하여 읽어주시길 바란다.

기네스 드래프트
Guinness Draught

"Manners Maketh Beer"

아일랜드
Ireland

부드러운 질감은 언제나 편안함을 주고,
그윽한 쓴맛은 은은하게 입 안을 적신다.
젠틀한 매력으로 전 세계를 평정한
신사의 맥주.

"Manners Maketh Man." 영화 <킹스맨>의 유명한 대사다. 주인공 콜린 퍼스가 기네스 맥주를 마시면서 불량배들에게 읊조리는 말인데, 불량배들의 형편없는 매너와 완전히 대비되는 영국 신사, 그리고 기네스의 멋진 품격을 엿볼 수 있다. 만약 이 장면이 기네스 맥주 PPL이 아니라면, 기네스 관계자가 영화 감독에게 최소한의 감사 인사라도 전해야 할 정도로 기네스의 젠틀한 이미지와 품격을 잘 보여준다.

아무튼 신사의 맥주라는 표현이 잘 어울리는 기네스 드래프트. 기네스를 이처럼 젠틀하고 매너 있는 맥주로 만들어주는 일등 공신은 바로 부드러운 질감이다. 이는 기네스 드래프트에 충전된 액화 질소 덕분으로, 맥주에 작고 오밀조밀한 거품을 만들어 마시는 이로 하여금 비단결 같은 감촉을 느끼게 해준다.

또한 기네스는 단맛이 없다. 단맛 없이 깔끔하게 떨어지는 스타우트를 드라이 스타우트 Dry Stout라고 하는데, 기네스 드래프트는 드라이함의 끝을 보여준다. 너무 무미건조한 나머지 단맛이 전혀 느껴지지 않을 정도다. 하지만 달지 않다고 해서 밋밋하다는 건 아니다. 오히려 질리지 않고, 계속 마실 수 있는 원동력이 된다.

마지막으로 쓴맛이 강하지 않지만 오래 유지된다. 기네스 드래프트에는 태운 보리와 태운 맥아가 들어가 탄내와 쓴맛이 동시에 느껴지는데, 맥주의 초반부터 마지막까지 은은하게 이어져 마시는 내내 그윽하면서도 쓴맛을 느낄 수 있다. 누군가는 다소 심심한 맥주라고 평가할지도 모르겠다. 하지만 부드러운 질감과 은은한 맛으로 마시는 내내 편안함을 안겨주는 이 맥주야말로 젠틀한 신사의 맥주가 아닐까.

기네스 엑스트라 스타우트
Guinness Extra Stout

"달콤한 마음을 지닌 터프가이"

아일랜드
Ireland

기네스 드래프트가 신사의 맥주였다면,
기네스 엑스트라 스타우트는 터프가이의 맥주다.
거친 질감과 씁쓸한 커피 향에 감춰진 달콤한 맛은
멋진 중년 터프가이를 닮았다.

기네스 엑스트라 스타우트가 어떤 맥주냐고 묻는다면 "기네스 드래프트와 정반대의 맥주"라고 대답하겠다. 우선 전체적인 질감이 굉장히 거칠다. 질소 없이 탄산만 들어갔기 때문인데 덕분에 마치 껍질을 다 벗겨내지 않은 보리를 거칠게 씹어먹는 것 같이 터프하다. 더불어 씁쓸한 커피 향도 조금 더 강하다. 커피를 뽑기 전에 원두를 한 번 더 바짝 태운 것처럼 씁쓸하고 강한 인상을 주는 맛이다.

하나 더 다른 점을 꼽자면 역시 강한 단맛을 말할 수 있겠다. 기네스 드래프트의 경우 드라이한 스타우트로 단맛을 쫙 빼고 담백하게 만든 맥주인 데 반해 엑스트라 스타우트는 어느 정도의 단맛을 갖고 있다. 달다고 해서 아이스크림이나 꿀처럼 달지는 않고, 백반집에서 밥을 다 먹고 카운터에서 쏙 집어먹던 커피 사탕 같은 달콤함이다.

이 맥주는 대학생 시절 짧게 유학 간 아일랜드에서 만난 터프가이 블라디미르 아저씨를 떠오르게 한다. 블라디미르는 아일랜드의 수도 더블린에 사는 리투아니아 출신의 우락부락한 아저씨였는데, 첫인상이 너무 무서워서 말도 못 걸었다. 그런데 알고 보니 외모와 말투, 행동은 거칠지만 자상하고 달콤한 마음씨의 반전 매력을 가진 분이었다. 교회에 다니지도 않는 나를 위해 찬송가를 열창해주는 건 기본이고 집에 초대해서 요리도 해줬다. 아, 나와 함께 한식당에서 맛있게 갈비탕 국물을 마시며 연신 따봉을 외쳐주기도 했다. 지금은 연락이 뚝 끊겨서 살고 있지만 기네스 엑스트라 스타우트를 마실 때마다 외모는 터프했지만, 속내는 달콤했던 멋쟁이 블라디미르 아저씨가 생각난다. 아저씨, 잘 지내시죠?

페일 에일

Pale Ale

꽃과 과일을 닮은 맥주

"늘 조연을 자처하던 홉이 주연으로 우뚝 섰다. 그동안 맥주에서 만난 적 없던 향기로운 꽃향기와 달콤한 과일 맛을 제대로 느낄 수 있는, 홉 지향적인 스타일."

어둡고 짙은 색의 맥주가 당연시되던 약 300년 전의 영국. 맥아 건조 기술이 발전함에 따라 더 이상 검게 태우거나 그을리지 않고도 맥아를 건조할 수 있게 되면서 페일 에일이 탄생한다. 밝고 창백한 색 덕분에 페일Pale 에일이란 이름이 붙었는데, 색깔뿐만 아니라 맛까지 밝아졌다. 그동안 어두운 맥주에서 돋보였던 맥아의 그을린 맛, 탄 맛, 볶은 맛은 옅어졌고 꽃향기, 젖은 토양의 냄새, 허브의 아로마를 앞세운 홉이 밝고 화사한 느낌으로 빈자리를 차지했다.

이렇게 영국을 대표하는 맥주가 된 페일 에일은 미국으로 건너가 완전히 다른 모습으로 변신한다. 미국 땅에서 자란 홉은 자몽, 오렌지, 파인애플 등 열대과일을 닮은 화사한 맛과 향을 사정없이 뿜어냈고, 영국과는 완전히 다른, 독자적인 스타일이 되었다. 아니, 도대체 홉이 뭐길래 이렇게 난리야? 이런 궁금증을 갖고 있다면 반드시 마셔봐야 할 맥주가 바로 페일 에일이다.

코나 빅 웨이브
Kona Big Wave

"하와이의 따사한 햇살, 푸르른 바다,
그리고 과즙 철철 흐르는 과일이 떠오르는 맥주"

미국
USA
___
한 모금 마시고 눈을 감으면
어느새 멋진 하와이 해변이 펼쳐진다.
경쾌하고 화사한 열대과일 맛으로
세계를 공략한 하와이 특산품.

사실 코나 빅 웨이브는 정확히 말하면 페일 에일이 아닌 골든 에일 Golden Ale이다. 골든 에일은 페일 라거의 전 세계적인 유행에 대항하고자 쓴맛을 줄이고 음용성을 개선한, 가벼운 페일 에일이라 생각하면 되겠다. 비록 골든 에일이지만, 누군가가 나에게 미국식 페일 에일 추천을 부탁하면 가장 먼저 권하는 맥주가 빅 웨이브다. 왜냐고? 홉의 쓴맛은 일반 페일 에일 대비 낮으면서도 화사한 시트러스, 열대과일의 맛과 향은 비슷하게 유지하고 있어 처음 페일 에일에 입문하는 사람들에게 적절하기 때문이다.

빅 웨이브를 마시면 가장 먼저 기분 좋은 열대과일 맛이 느껴진다. 파인애플, 오렌지, 망고를 닮은 화사한 향기가 은은하게 입 안에 퍼지는데 어떻게 맥주에서, 홉에서 이런 맛이 날 수 있는지 놀랍다. '혹시 몰래 과일을 섞어놓고 사기치는 게 아닌가?'라는 생각이 들 정도로 기분 좋은 맛이다.

그리고 맥아의 꼬깃꼬깃한 단맛. 뭔가… 단맛이 나긴 하는데 나대지 않고 몰래 구석에서 슬며시 나는 느낌이랄까. 어쩐지 구겨진 듯 쪼그라든 단맛이 인상적이다. 그리고 홉의 쓴맛은 아주 미세하게 느껴진다. 맥아의 단맛과 홉의 과일 맛 때문에 다소 텁텁해질 수 있는 입 안을 깔끔하게 씻어주는 감초 역할을 맡고 있다.

열대과일 맛이 가득한 맥주를 마시고 있노라면 내가 지금 서울에 있는지 하와이에 있는지 도통 분간할 수가 없다. 고물가 고환율 시대에 편의점 3캔 11,000원 행사 상품인 코나 빅 웨이브 한 캔이면 빠르고 저렴하게 하와이에 다녀올 수 있다. 얼마나 좋은 세상인가!

인디아 페일 에일

IPA, India Pale Ale

더 강한 자극을 원하는 자에게 전하는 홉 폭탄 맥주

"슈퍼 울트라 스트롱 페일 에일이라는 이름이 어울릴 만큼 더 높은 알코올 도수, 더 강한 자극으로 전 세계 맥주 마니아를 열광시키고 있는 맥주."

동인도 회사의 영국인들에게 페일 에일을 판매하고 싶었던 (돈 냄새 잘 맡는) 19세기 영국의 양조가들은 멀고 뜨거운 뱃길에서 맥주를 보존할 방법을 찾아야 했다. 이때 맥주의 보존성을 높이기 위해 두 가지 방법을 생각해낸다. 하나는 맥아 함량을 높여 알코올 도수를 높이는 것이었고 다른 하나는 방부제 역할을 하는 홉을 더 많이 넣는 것이었다. 맥아를 많이 넣다 보니 당연히 맥아의 단맛이 많이 남았고, 홉을 많이 넣다 보니 홉의 아로마와 쓴맛도 많이 남게 됐다. 이로써 더 강력한 맛과 향을 가진 슈퍼 울트라 스트롱 페일 에일, 인디아 페일 에일IPA이라는 스타일이 탄생한다.

이 IPA 역시 미국으로 건너가 미국화되어버리는데, 화사한 과일 맛이 돋보이는 미국 홉이 왕창 들어가 전 세계에 맥주 애호가를 양성하는 초인기 스타일로 추앙받고 있다. 한 번 빠지면 혈관에 IPA 링거를 꽂고 싶어질 만큼 매력적인 맛. 현재 지구상에서 가장 불같은 사랑을 받는 스타일이다.

라구니타스 IPA
Lagunitas IPA

"송승헌의 눈썹을 닮은 IPA"

미국
USA

맥아의 두껍고 짙은 맛과
듬통하게 몰아치는 갖가지 과일 향,
그리고 뒤늦게 찾아오는 높은 도수까지!
모든 것이 짙은 IPA.

IPA의 생명은 홉에 달려있다. 제아무리 좋은 홉을 많이 넣은 IPA일 지라도 맥주캔 안의 홉이 싱싱하지 않다면 가치를 잃는다. 그런데도 저 멀리 미국에서 건너온 맥주, 라구니타스 IPA는 죽기 전 꼭 마셔봐야 할 정도로 좋은 맥주다.

일단 캔만 봐도 신뢰가 간다. 굵직한 글씨체로 대문짝만하게 적혀있는 IPA. 누가 봐도 IPA, 군더더기 없는 IPA다. 그리고 잔에 맥주를 따르는 순간 강한 향기가 코를 폭격한다. 적극적으로 풍겨오는 열대과일 향에 저절로 혀뿌리부터 군침이 고여 아릴 정도다.

맛은 한마디로 '짙다'. 일단 IPA답게 맥아가 굉장히 많이 들어간 게 느껴진다. 마시는 순간부터, 목구멍 뒤로 넘어가는 순간까지 단맛이 진하게 느껴진다. 곡물의 단맛이 너무 진한 나머지 캐러멜처럼 느껴지는데, 그냥 캐러멜도 아니고 고동색의 짙은 색깔을 자랑하는 캐러멜을 닮았다. '맥'주라는 이름에 제대로 어울리는 짙음이다. 그리고 맥주가 목구멍을 넘어간 뒤, 숨을 크게 내쉬면 다시 한번 감동하게 된다. 갑작스럽게 솟구치는 진한 열대과일 맛. 파인애플, 망고 같은 열대과일 맛인데 너무 진한 나머지 지금껏 먹어본 적 없는 미지의 열대과일을 상상하게 만든다. 강력한 맥아의 맛, 여기에 뒤지지 않는 폭발적인 홉의 향기. 이거야말로 진짜 IPA다.

편의점에서 판매되는 IPA 중, 홉이 강조된 IPA는 쉽게 만날 수 있다. 하지만 이렇게 맥아까지 제대로 표현한 IPA는 좀처럼 만나기 쉽지 않다. 이것이 진짜 미국식 IPA의 맛을 궁금해하는 당신에게 라구니타스 IPA를 추천하는 이유다.

브루독 펑크 IPA
Brewdog Punk IPA

"레몬 껍질을 잘근잘근 씹어 먹는 맛"

스코틀랜드
Scotland
———
오렌지보다는 자몽에,
자몽보다는 레몬에,
레몬보다는 레몬 껍질에 가까운 맛.

앞서 소개한 라구니타스 IPA가 다소 마초적이고 짙은 성격의 IPA 였다면, 지금 소개할 펑크 IPA는 이름처럼 뭔가 가볍고 톡톡 튀는 맛이 특징이다. 난생처음 IPA를 접한다면 라구니타스보다 브루독 펑크 IPA가 마시기 훨씬 수월하겠다.

일단 이 맥주는 IPA임에도 불구하고 맥아의 단맛이나 무거운 맛은 거의 느껴지지 않고, 크래커와 식빵 정도의 고소함만 보여주며 금세 홉 뒤로 숨어버린다. 홉 역시 진하지 않고 경쾌하다. 오렌지, 자몽, 레몬을 닮은 맛이 가장 먼저 느껴지는데 가볍고 싱그러운 느낌 때문에 오렌지보다는 자몽을, 자몽보다는 레몬을 닮았다는 느낌을 받는다.

그런데 이 싱그러운 맛은 살짝 쌉쌀한 맛까지 몰고 온다. 레몬을 먹을 때 레몬의 겉껍질이나 하얀 속껍질을 같이 먹으면 갑자기 쓴맛이 느껴지는 것처럼 이 펑크 IPA는 그 쌉쌀함까지 담고 있다. 마치 레몬 껍질을 잘근잘근 씹어 먹는 것 같은 화사한 시트러스를 느낄 수 있고, 동시에 아찔하게 쌉쌀한 맛이 느껴진다.

이미 IPA에 푹 빠져있는 사람들에게 어쩌면 꽤 가볍고 익숙한 맛일지도 모르겠다. 하지만 이제 막 입문하는 단계라면 이보다 좋은 미국식 IPA의 교과서는 없을 것이다.

이렇게 편의점 월드클래스 맥주를 모두 만나봤다. 물론 세상에는 훨씬 많은 맥주 스타일이 존재하지만, 지금까지 소개한 맥주들만 제대로 이해해도 다른 스타일은 가벼운 응용문제를 푸는 기분으로 마실 수 있다.

이야~ 헤이지 IPA는 IPA랑 이렇게 다르구나~
우와~ 임페리얼 스타우트는 스타우트보다 이런 맛이 강하구나~
아하~ 헬레스는 필스너를 이렇게 해석한 거구나~
라고 말이다.

이제 이 탄탄한 기본기를 바탕으로 "오늘의 나"에게 딱 맞는 맥주를 마시는 일만 남았다. 지금부터 다양한 상황에 어울리는 맥주를 소개하려 한다. 그중 오늘 나의 상황과 맞는 맥주를 골라 맥주의 맛, 그리고 맥주와 함께하는 순간을 온전히 즐겨보자. 그저 손에 잡히는 맥주를 마셨을 때보다 더 깊고 자세한 맛이 느껴질 것이고, 맥주와 함께하는 이 순간도 더 의미 있게 느껴질 것이다.

아, 물론 상황에 맞는 맥주는 내 마음대로 선정했다. 그러니 책에 언급한 대로 먼저 마셔보고, 다른 상황에 더 어울린다고 생각하면 다음부터는 그 상황에 맞춰 맥주를 즐기면 된다. 오히려 좋다. 그거야말로 진짜 "오늘의 나"에게 딱 맞는 맥주니까.

다양한 맥주를 만날 수 있는 장소들

아마 이 책을 읽으면서 떠오를 최대의 궁금증, 아 그래서 이런 맥주들 어디서 파는 건데!!! 기본적인 맥주부터 아주 마니악한 맥주까지 어디서 구할 수 있는지 자세하게 알아보자.

1 편의점

월드클래스 명품 맥주가 즐비한 것은 물론이고, 요즘에는 뉴잉글랜드 IPA나 임페리얼 스타우트까지 트랜디하고 다양한 스타일을 판매하고 있다. 또한 편의점 앱을 통해 맥주를 미리 주문하고 원하는 매장에서 수령할 수도 있다.

2 대형마트와 백화점

편의점에서 취급하기 어려운 병맥주를 비롯하여 좀 더 다양한 국가의 많은 스타일을 구할 수 있다. 가끔 맥주와 전용 잔을 묶은 패키지도 판매하니, 좋아하는 맥주라면 한 개쯤 사두는 것도 나쁘지 않다.

3 와인앤모어

신세계 L&B에서 운영하는 주류 매장이다. 국내외 훌륭한 크래프트 비어 양조장의 작품들, 그동안 만난 적 없던 특이한 스타일, 새로운 맛의 맥주를 쉽게 만날 수 있게 해주는 고마운 장소다. 2023년 2월 기준 전국에 47개 매장을 운영 중이며, 신세계 L&B 홈페이지에서 매장 위치를 확인할 수 있다. 책에서는 가급적 이 선에서 구할 수 있는 맥주를 위주로 소개했다.

바틀샵

맥주를 전문적으로 취급하는 소형 매장으로, 사장님들부터 엄청난 맥주 마니아이시기 때문에 엄선된 국내외 최고의 맥주들을 만날 수 있다. 위에서 소개한 곳들에 비해 접근성이 좋지 않고 내가 사는 곳 근처에 없을 수도 있기 때문에 가끔, 큰맘 먹고 가서 왕창 사와야 한다. '내가 사는 곳의 지명' + '바틀샵'으로 검색해보면 가까운 바틀샵을 찾을 수 있다. 서울에서는 강남구 세브도르, 강동구 유미마트, 강서구 당근슈퍼, 서초구 크래프트브로스, 영등포구 비어포스트바, 용산구 우리슈퍼가 유명하다.

양조장과 브루펍

좋아하는 브루어리가 있다면 그곳에 방문해서 마시는 게 최고다. 마포구의 미스터리 브루잉, 성동구의 어메이징 브루어리, 영등포구의 비어바나 등 서울 한복판에서도 좋아하는 브루어리의 맥주를 가장 신선한 상태 그대로 마실 수 있다. 특별히 선호하는 브루어리가 없더라도 '거주하는 곳의 지명' 혹은 '여행 갈 곳의 지명' + '브루어리', '브루펍' 또는 '양조장'으로 검색해 방문해보는 것도 큰 재미다.

열심히 일한
당신을 위한
맥주

퇴근 후 마시기 좋은 데일리 맥주

오늘도 힘든 하루 견디느라 고생한 나를 위해, 맥주 한잔하고 싶다.

만원 지하철에서 하루를 시작하고, 하루 종일 숫자와 씨름하고, 전화기 너머의 사람들에게 마음에도 없는 말 하느라 고생한 나. 집에 돌아오자마자 넋 놓고 소파에 걸터앉으니 시원한 맥주 생각이 간절하다.

요즘 다 힘든데 왜 혼자 힘든척하냐고? 나보다 더 고생하는 사람도 있는데 왜 혼자 유난 떨고 있냐고? 그건 그렇지만… 오늘만큼은 나라도 나를 위로해줘야 할 것 같다. 수고했다는 의미로 맥주 한잔해야겠다. 딱 한 잔으로 속 시원하게 스트레스를 날려버리고 싶은데… 어떤 맥주를 마셔야 할까…?

지금, 이 순간 당신에게 필요한 건 직선적이고 확실한 맛으로 하루의 피로를 깔끔하게 날려줄 맥주 한 잔이다.

맥스 올 몰트 비어
Max All Malt Beer

⋮

"어릴 적 할머니 댁에서 마시던
구수한 보리차 한 잔"

페일 라거 Pale Lager
대한민국 South Korea

구수하고 구릿한 맛의 맥스를 마시다 보면
어쩐지 마음마저 편안해진다.
이 시대 모든 직장인의 냉장고에
한 캔씩 채워주고 싶은 최고의 데일리 맥주.

내가 맥주를 좋아해서 그런지 몰라도 외국인 친구를 사귈 때 역시 맥주를 좋아하는 친구만 사귀게 된다. 친구들이 자국의 맥주를 열심히 자랑할 때 나는 항상 이 맥주를 한국 특산품(?)으로 소개한다. 바로 맥스. 어떤 해외 맥주에서도 경험하기 어려운 날것 그대로의 구수한 맛에 외국인 친구들의 반응은 늘 폭발적이었다.

맥스의 가장 큰 특징은 마치 가공되지 않은 보리를 그대로 먹는 것 같이 구수하고 꾸릿하게 퍼져나가는 보리의 짙은 맛이다. 앞서 소개한 하이네켄이나 칼스버그 같은 유럽의 전통 있는 라거를 마셔보면 깔끔하고 멋지게 갖춰진 맥아의 맛이 난다. 헬스장에서 전문적으로 관리 받은 근육맨 같달까? 반면 맥스는 약수터에서 맨손으로 단련한 근육맨 같다. 맥아가 아니라 그냥 보리를 넣은 게 아닌지 의심이 들 정도로 날것 그대로의 보리 맛이 거칠고 투박하게, 직선적으로 들어온다.

맥스를 마시면 어릴 적 할머니 댁의 보리차가 떠오른다. 도대체 주전자에 보리차 티백을 몇 개 넣어 우리신 건지, 진하다 못해 한약같이 진한 그 보리차. 얼음 동동 띄워서 시원하게 한 잔 마시면 우리 집 보리차보다 10배, 아니 100배는 더 구수할 정도로 깊고 진한 맛의 할머니 댁 보리차. 맥스는 구수함에 마음마저 편안했던 그 옛날 추억의 보리차를 닮았다. 가볍게 한잔하고 싶지만 제대로 된 한 방 또한 필요한 밤, 진한 보리 맛의 맥스는 최고의 선택지가 되어줄 것이다.

클라우드 생 드래프트
Kloud 生 Draft

"물 타지 않은 아사히 맥주"

페일 라거 Pale Lager
대한민국 South Korea

아사히 계 맥주 중에선 단연 으뜸이다.
고소한 맥아의 맛과 거친 질감
그리고 깔끔한 마무리까지.
거칠게 한잔하고 싶을 때 딱 맞는 맥주.

하도 맥주를 마시고 다니다 보니 종종 맥주 추천 요청을 받곤 한다. 비록 맥주 전문가는 아니지만, 나로 인해서 맥주를 사랑하게 됐으면 좋겠다는 마음으로 진심을 다해 맥주를 추천해준다. 아무튼 회사 선후배나 동료가 추천해달라고 하는 경우 퇴근길 편의점에 잠깐 들러 구입할 생각으로 물어봤을 테니 출제자의 의도에 맞춰 이 맥주를 적극 추천한다.

클라우드 생 드래프트의 가장 큰 특징은 고소하고 거친 맥아의 맛이다. 아니, 아까 맥스 소개할 때는 구수하다고 하고, 이번에는 또 고소하다고 하는데 말장난하는 거 아닌가 하는 생각이 들 수 있지만 조금만 더 들어보시라. 클라우드 생 드래프트는 맥아 맛이 잘 살아있지만 우려냈다거나, 깊다는 느낌이 들진 않는다. 보리 껍질만 잔뜩 모아 바삭바삭 씹어먹는 것처럼 거칠고, 한 옥타브 높은 하이톤의 경쾌한 고소함이 큰 매력인 맥주이다.

어? 근데 이거 마시면 마실수록 예전에 어디선가 마셔본 느낌이다. 맞다. 한때 국내 편의점 판매량 1위 자리를 굳건히 지켰던 일본의 아사히 슈퍼 드라이와 굉장히 비슷하다. 혹시 아사히 맥주를 수입하던 롯데아사히주류가 몰래 레시피를 빼내어 클라우드를 만드는 데 도움을 준 게 아닌가… 하는 생각이 들 정도로 흡사한 부분이 많다.

아사히 맥주와 비슷한 부류의 맥주를 나 혼자 괜히 "아사히 계" 맥주라 부르면서 아는 척 나대곤 하는데 아사히 계 맥주 중에서는 이 클라우드가 단연 으뜸이다. 마치 농도가 진한 아사히 맥주를 마시듯, 희석되지 않은 짙은 꼬순 맛이 매력적인 웰메이드 맥주다. 오늘 밤 거칠고 깔끔하게 딱 한 잔만 마시고 싶은 당신에게 어쩌면 이 맥주가 세상 어느 맥주보다 잘 어울릴지도 모르겠다.

기린 이치방 시보리
キリン一番搾り

"아빠를 이해할 수 잇게 되는 맥주"

페일 라거 Pale Lager
일본 Japan

풍부한 곡물 향의 맥아와
쌉쌀한 홉이 서로 뽐낸다.
절대 물러서지 않는 맥아와 홉 덕분에
한 잔 마시면 속이 다 시원해지는
바람직한 페일 라거

가끔 그런 날이 있다. 오늘은 보리 향도 강하고, 홉도 제법 쓴 자극적인 맥주를 마시고 싶은 날. 그런데 값은 비싸면 안 된다. 퇴근 후 가볍게 훌훌 마실 목적인데 비싼 맥주를 마셔버리면 내일 더 열심히 일해야 하는 악순환이 생기니까… 그럴 때 내가 찾는 맥주가 바로 기린 이치방 시보리다.

광고에서 늘 첫 즙만 담았다고 홍보하는 맥주로, 이치방一番 시보리搾り는 한 번만 짜냈다는 뜻이다. 즉, 딱 한 번만 우려낸 티백이라고 이해하면 쉽다. 맥주를 만들 때 분쇄된 맥아를 뜨거운 물이 든 통에 담으면 맥아의 맛과 당이 우러난 액체, "맥아즙Wort"을 얻을 수 있다. 정말 간단히 요약해서 이 맥아즙에 홉을 넣고 가열한 다음 효모와 함께 발효시키면 맥주가 된다. 보통은 단가를 줄이기 위해 맥아즙을 짜낸 맥아에 다시 한번 뜨거운 물을 섞어서 즙을 짜내고, 또 짜내는 과정을 몇 차례 반복한다. 당연히 처음 우러난 맥아즙은 농도가 진하고 뒤에 만든 즙일수록 점점 옅어지는데, 이 맥아즙을 모두 하나로 섞어 맥주를 만드는 경우가 많다.

첫 즙만 담았다는 건 첫 번째로 나온 맥아즙만으로 맥주를 만든다는 말. 그래서인지 비교적 짙은 맥아의 맛이 인상적이다. 이렇게 진하게 우러난 맥아는 자기주장이 강한 편으로, 마시는 순간부터 끊임없이 거칠고 풍부한 곡물 향을 뿜는데, 절대 다른 맛에 묻힐 만큼 나약하지 않다. 홉도 맥아에 뒤지지 않을 만큼 자기주장이 강하다. 살짝 꽃향기를 풍기다가 곧 쓴맛을 마구마구 분출한다. 이 강한 곡물 맛과 쓴맛이 서로 굽히지 않고 만나다 보니 곡물 맛도 더 깊게, 쓴맛도 더 쓰게 느껴진다. 이 강한 자극의 소용돌이 덕분에 마시는 내내 짜릿한 희열을 느낄 수 있다.

어릴 적, 아빠와 삼촌이 술을 마시며 '캬~ 시원하다!'라고 외치는 모습을 보면 도대체 뭐가 시원하다는 건지 도무지 이해되지 않았다. 그런데 이젠 내가 기린 이치방 시보리를 마시며 '캬하! 시원헌 하다 아하아!'를 외치며 낄낄거리고 있다. 시원하다는 게 뭔지 이제야 알 것 같다.

강서맥주
Gangseo Mild Ale

⋮

"갓 구운 크래커에
은은한 오렌지 주스 한 잔"

페일 에일 Pale Ale

대한민국 South Korea

이제 막 오븐에서 나온 크래커의 따스한 맛과
오렌지 주스의 은은한 향기를 담은 맥주
포근한 맛으로 매일 마시기에 제격인 데일리 비어.

강서맥주는 출시 직후부터 지금까지 매주 꾸준히 마시는 최고의 데일리 비어다. 나는 서울시 강서구에서 20년 넘게 살아온 강서구 반토박이로, '강서'맥주라는 이유에서 이 맥주를 마시기 시작했다. 하지만 맥주의 뛰어난 맛 때문에 지금까지 마시고 있는 거지, 지역 만능주의(?) 때문에 이 맥주를 마시는 게 아님을 분명히 밝힌다.

강서맥주의 가장 큰 특징은 훈훈하게 구워진 크래커 같은 맥아의 맛이다. 기름기 쫙 빼고 소금 한 번 치지 않은, 오븐에서 갓 나온 크래커를 상상하면 딱 맞겠다. 그리고 가볍고 경쾌한 귤 향기가 이어진다. 보통 미국식 페일 에일에서는 이 시트러스가 자극적으로 느껴지는 경우가 대부분이다. 또한 자극적이지 않더라도 맥아의 맛을 누르고 주인공 자리를 차지할 만큼 강한 경우가 많은데 강서맥주는 전혀 그렇지 않다. 마치 크래커를 먹을 때 목이 막히지 않게 오렌지 주스를 마시는 느낌으로, 고소한 맥아 향을 서포트하는 가벼운 수준이다.

이 고소하고 향긋한 맛의 맥주는 지친 내 마음을 위로해주는 최고의 데일리 맥주다. 강서맥주를 만든 곳은 "세븐브로이"로 대한민국 1세대 크래프트 맥주 회사면서 지금까지 활발하게 활동하는 성실한 브루어리다. 나는 이 세븐브로이라는 회사가 지금처럼 계속, 영원히 맛있는 강서맥주를 만들어줬으면 좋겠다. 내가 강서구 반 토박이라서 하는 말이 아니라, 내 일상의 힐링이 되어주는 고마운 맥주를 잃고 싶지 않은 마음이 크기 때문이다. 강서구 파이, 아니 세븐브로이 파이팅...!!

일요일 밤 9시, 월요병을 물리치는 맥주

초침이 움직일 때마다 내 마음은 점점 더 초조해진다.

시간이 왜 이렇게 빨리 가는 건지 별로 쉬지도 못했는데 벌써 주말이 끝나간다. 불과 9시간 뒤면 다시 일상으로 돌아가야 한다. 어제 로또에 당첨만 됐으면 못된 팀장한테 그동안 못했던 말 실컷 할 텐데… 여지없이 다음 주도 꾸역꾸역 침묵하며 일해야 한다. 10시가 되기 전에 뭐라도 해야 한다. 10시가 넘어가면 이번 주말도 정말 끝난다!

지금, 이 순간 당신에게 필요한 건 단 한잔으로 월요병을 날려버릴 수 있는 똑 부러지고 진한 맥주 한 잔이다.

인디카 IPA
Indica IPA

......

*"군대 후임으로 들어오면
이쁨받을 것 같은 IPA"*

인디아 페일 에일 IPA

미국 USA

사람들이 원하는 맛을 기가 막히게 넣어놨다.
답답하고 뭔가 막힌 것 같은 기분이 들 때
시원하게 한 잔 마시면 속을 뻥! 뚫어주는,
알아서 잘 딱 깔끔하고 센스 있게 맛있는 맥주.

내 인생 첫 IPA였다. 2017년 합정동의 어느 멕시칸 요리 전문점에서 이상하게 생긴 이 맥주를 처음 만났다. 첫 모금, 목을 적시는 그 순간 '아, 이렇게 맛있는 맥주도 있구나…!' 하며 충격을 받았던 그때. 이후 시간이 흐르면서 더 비싸고 유명한 IPA도 다양하게 마셔봤지만, 언제나 내게 최고의 IPA는 나의 첫 IPA, 인디카였다.

이 맥주의 특징은 사람들이 좋아하는 맛만 족집게처럼 골라 담았다는 점이다. 마치 군대 후임으로 일 잘하고 사회성 좋은 S급 후임을 만난 기분이랄까? 척척 센스 있게 맛있는 맛을 뿜어내니 싫어할 수가 없다. (물론 나는 S급은커녕 B급 후임도 아니었다!)

이 맥주를 마실 때 가장 먼저 지배적으로 느껴지는 맛은 향긋하고 기분 좋은 시트러스의 맛이다. 오렌지, 자몽, 귤 등의 향이 향기롭게 입안을 채우는데 너무 강하지도, 약하지도 않고 딱 적당하다. 그 후 느껴지는 기분 좋은 소나무 향. 마치 한밤중 어두운 소나무 숲을 거니는 것처럼 은은하게, 슬며시 들어오는 향기에 황홀한 기분이 든다. 물론 맥아의 역할도 무시할 수 없는데 마치 포스트잇이 붙었다가 떨어지는 느낌으로 고소한 맛을 살짝 보여주고 귀엽게 떠나간다.

가끔 그런 날이 있다. 아무 이유 없이 답답하고 스트레스받는 날. 그럴 때면 늘 가장 먼저 떠오르는 맥주가 인디카 IPA다. 센스있는 맛 때문이기도 하지만, 내가 IPA에 빠지게 만든 이 맥주를 마시고 있노라면 즐겁고 호기심 가득한 그때로 돌아가는 것 같아 뱃속 깊은 곳에서부터 힘이 솟아난다. 취기가 올라오는 건가?

볼파스 엔젤맨 IPA
Volfas Engelman IPA

"끈적하게 흐르는 캐러멜 폭포"

인디아 페일 에일 IPA
리투아니아 Lithuania

스트레스받을 때는 역시 단 게 최고다.
캐러멜을 닮은 달콤한 맛으로
내일 출근 걱정까지 싹 날려주는 맥주.

앞서 소개한 인디카 IPA가 비교적 다양한 맛이 조화를 이루고 있는 IPA라면, 볼파스 엔젤맨 IPA는 맥아의 강한 맛을 제대로 느낄 수 있는 IPA다. 홉이 팡팡 터지는 IPA가 유행하는 요즘, 맥아가 진하게 느껴지는 맥주를 좋아하는 사람들에게 볼파스 엔젤맨 IPA는 한 줄기 빛이요, 희망이다.

맥주를 잔에 따라보면 주황색, 갈색에 가까운 외관이 가장 먼저 눈에 띈다. 여기에 솔솔 풍겨오는 달콤한 냄새까지 맡으면 어쩐지 '캐러멜'이 생각난다. 실제로 이 맥주에는 캐러멜 몰트 Caramel Malt가 사용됐다. 잉? 캐러멜로 맥주를 만들어? 라고 착각할 수 있지만 아쉽게도 그건 아니다. 맥아를 건조할 때 비교적 높은 온도(150~180℃)에서 구우면 짙은 색깔과 달콤한 맛을 내게 되는데, 캐러멜을 닮아서 캐러멜 몰트라고 부른다. 아무튼 이 캐러멜 몰트가 듬뿍 사용된 덕분에, 맥주를 마시는 내내 끈적하게 쩍쩍 달라붙는 달콤함을 즐길 수 있다. 단 한 모금만으로도, 저 위에서 떨어지는 끈적~한 캐러멜 폭포수를 맞는 것 같이 강력하게 몰아치는 달콤함이 느껴지고, 덕분에 모든 스트레스가 날아간다.

홉은 약간의 소나무 향을 풍기고 일찍 사라진다. 물론 이 정도 솔향도 충분히 강하지만 맥아의 존재감이 워낙 큰 탓에 상대적으로 약하게 느껴진다. 종합하면 강한 맥아의 맛과 소나무 향이 느껴지는, 굳이 따지자면 영국식에 가까운 IPA다.

주말이 끝나가는 일요일 밤 9시 40분. 아직도 내일 출근을 걱정하며 스트레스받고 있는 당신. 스트레스받아봤자 나만 손해다. 얼른 달콤한 볼파스 엔젤맨 IPA 마시고 머릿속 잡념을 모두 날려버리자!

올드 라스푸틴
Old Rasputin

"건포도 둥둥 띄운 초콜릿 시럽"

임페리얼 스타우트 Imperial Stout
미국 USA

끈적한 질감에 과하다 싶을 정도의 단맛,
여기에 높은 알코올 도수까지.
한 모금 마시는 순간 온몸을 나른하게 만들어주는
명품 임페리얼 스타우트.

러시안 임페리얼 스타우트는 엄청나게 센 스타우트라고 생각하면 된다. 줄여서 그냥 임페리얼 스타우트라고도 불리는데, 이름에서 알 수 있듯 러시아와 연관이 있다. 18~19세기, 영국에서 러시아로 수출되던 스타우트는 당시 러시아의 수도인 상트페테르부르크까지 무사히 이동해야 했다. 북해부터 발트해를 지나는 먼 거리와 추운 날씨가 문제였는데, 맥주가 얼지 않도록 맥아를 더 넣어 도수를 높이고, 홉을 왕창 때려 넣어 부패하지 않도록 했다. 덕분에 알코올 도수는 10도 전후로 아주 높아졌고 더불어 맥아의 단맛과 홉의 쓴맛도 최고 수준으로 치솟았다. 그리고 지금 소개하는 맥주가 바로 무시무시한 임페리얼 스타우트를 대표하는 명품 맥주, 올드 라스푸틴이다.

맥주에서 지배적으로 느껴지는 맛은 역시 스타우트 특유의 초콜릿 맛이다. 그것도 엄~청 진하고 단 초콜릿. 맥아가 왕창 들어간 만큼 그에 걸맞은 단맛을 보여준다. 여기에 끈적하게 들러붙는 질감도 포인트다. 초콜릿 단맛이 입 안과 혀끝에 끈적하게 들러붙으니 어쩐지 초콜릿 시럽이 생각날 정도다. 그리고 중간중간 과일 건조기에 돌려 바싹 마른 건포도 맛도 느껴진다. 단맛만 가득해 다소 지루한 맥주가 될 수 있는 순간, 톡톡 튀어 오르는 이 건포도 맛 덕분에 맥주가 훨씬 복잡하고 다채롭게 느껴진다.

맥아의 단맛만큼이나 홉의 쓴맛, 알코올 도수도 강하다. 홉은 맥아와 정비례해서 아주 쓴 맛을 보여주는데, 단맛으로 텁텁해진 입 안을 깔끔하게 정리해준다. 그리고 한 잔 마시는 순간 온몸으로 느껴지는 알코올 도수 9도의 강한 여운. 달고 쓴 자극 뒤에 몰려오는 술기운은 나른하게 소파에 기대어 쉴 수 있게 도와준다.

높은 알코올 도수와 한계를 모르고 치솟는 달콤한 맛으로 전 세계를 평정한 최고의 임페리얼 스타우트, 올드 라스푸틴. 일요일 밤 당신을 찾아오는 어떤 망설임이나 스트레스도 단번에 날려버리고 나른하게 쉴 수 있게 도와주는 최고의 맥주다. 아, 참고로 임페리얼 스타우트는 냉장고에서 꺼내고 약 15~20분 뒤에 마시는 걸 추천한다. 너무 차가우면 단맛도 덜 느껴지고, 복잡한 맛을 충분히 즐기기 어렵다. 온도가 좀 올라야 향을 제대로 음미할 수 있다.

듀벨
Duvel

"일요일 밤을 깔끔하게 삭제해주는
천사 같은(?) 맥주"

벨지안 스트롱 골든 에일 Belgian Strong Golden Ale
벨기에 Belgium

높은 알코올 도수와 화사한 꽃향기,
농익은 과일 맛을 한 병에 담아냈다.
행복한 채로 편히 잠들 수 있는(?)
악마의 탈을 쓴 천사의 맥주.

전 세계 맥주 역사상 겉과 속이 가장 다른, 악마의 맥주라고 불린다. 화려한 겉모습과 아름다운 맛으로 상대를 유혹한 뒤, 8.5도에 달하는 높은 알코올 도수로 끝내 상대를 술에 취해 잠들게 만들어버리는 공포의 맥주 듀벨. 과연 그럴까? 듀벨은 무서운 악마의 맥주일까? 아니! 내 생각은 전혀 반대올시다.

이 맥주는 벨지안 스트롱 골든 에일Belgian Strong Golden Ale, 다시 말해 벨기에에서 만들어진 금빛의 짱 센 에일이다. 골든 에일Golden Ale 스타일과 혼동하면 절대 안 된다. 골든 에일의 약 2배에 달하는 도수를 가진 맥주이기 때문에 완전히 다른 맛, 그리고 차원이 다른 숙취를 안겨줄 것이다.

맥주의 맛을 짧게 요약하면 넘실대는 꽃향기와 은은하게 올라오는 농익은 사과의 향이다. 먼저 꽃향기, 이거 정말 좋은 향이다. 주로 필스너에 사용되는 사츠 홉Saaz Hop이 들어갔기 때문인데, 스트롱 필스너라고 불러도 좋은 정도로 향긋한 꽃향기가 매력적이다. 그리고 이어지는 농익은 사과의 향. 벨기에 맥주 특유의 효모 덕분에 느껴지는 향기로 마치 오래된 사과주나 사과즙에서 느낄 수 있는 꼬릿하고 꿉꿉한 과일 향이 매력적으로 깔린다.

반면 알코올 도수가 8.5도나 되는데 어째 맥아의 맛은 전혀 느껴지지 않는 것 같다. 듀벨의 높은 알코올 도수는 맥아보다는 설탕 때문인데, 설탕의 당을 이용해 알코올을 한 번 더 쭉쭉 뽑아낸 결과다. 혹시 듀벨 맥주병의 뒷면에 적힌 원재료 항목에서 "설탕"을 발견하고 달콤한 맥주를 기대했다면 땡! 완전 번지수 잘못 짚었다.

앞서 언급했다시피 듀벨을 '나도 모르게 취하게 만드는 악마의 맥주'라 평하는데 글쎄, 내 생각은 완전히 반대다. 향긋한 꽃과 과일 향에 나도 모르게 취해버린다면 그만한 즐거움이 어딨을까. 향기 속에서 잠들게 해준다는데 마다할 이유는 없다. 듀벨이야말로 고통의 일요일 밤에서 벗어나 자연스럽게 월요일 아침을 맞이할 수 있는 최고의 방법이라 할 수 있다. 월요일 오지 마라~

간만에 하루 쉬는 날, 평화를 선물해주는 맥주

큰맘 먹고 하루 쉬기로 했다.

밀려있던 일도 얼추 마무리됐겠다, 오늘 하루 내가 회사에 안 가더라도 회사는 잘 굴러가리란 것도 이미 잘 알고 있다. 그럼 뭘 하면서 알차게 휴가를 보낼까? 오랜만에 밖에서 브런치나 먹어볼까? 아니면 아침부터 상쾌하게 운동해볼까?

아침부터 바삐 움직여보려 했지만 역시 내 몸은 휴식을 원하고 있다. 느지막이 침대에서 일어나 전날 퇴근길에 사 온 빵 몇 조각 먹고 소파에 걸터앉았다. 뭐 혼자 집에서 쉬는 것도 나쁘지 않지… 라며 창문을 열고 소파에 누우려는 그 순간! 아, 오늘 같은 날 맥주가 빠지면 안 되겠다.

지금, 이 순간 당신에게 필요한 건 혼자 이런 생각 저런 생각 하면서 아늑히 쉴 수 있게 만들어주는 맥주 한 잔이다.

괌 1 라거
Guam No.1 Lager

"노을 진 괌의 해변에서 마시는
홍차 한 잔"

페일 라거 Pale Lager
미국 USA

고급스러운 홍차를 마시듯 은은하고 달콤한 맛.
노을 진 괌의 해변에 앉아있는 듯한 착각을 일으키는 맥주.

괌은 우리 회사의 재무팀 아저씨들이 미국 회계사 자격증을 따러 훌쩍 다녀오는 곳 또는 세계적으로 유명한 휴양지라는 정보 외에는 딱히 배경지식이 없는, 사실상 생판 모르는 곳이었다. 그래서인지 처음 괌 맥주를 봤을 때 어쩐지 가볍고 청량하며, 더운 날 즐기기 좋은 부가물 라거가 아닐까 예상했다. 하지만 막상 마셔보니 부가물 라거도, 청량하고 가벼운 맛의 맥주도 아니었다. 휴일의 노곤한 분위기를 더욱 편안하게 해주는 보물 같은 맥주였다.

맥주의 색은 생각보다 짙다. 짙은 색의 맥주는 어지간하면 평균 이상의 단맛을 보여주기 때문에, 색깔만으로도 어쩐지 신뢰가 간다. 더불어 솔솔 풍겨오는 달콤하고 고소한 향기는 이 신뢰에 힘을 실어준다. 맥주를 마시기 전부터 이미 만족, 대만족이다.

맥주를 마시자마자 곧바로 "홍차"가 떠오른다. 만약 홍차 잎으로 술을 만들 수 있다면 이런 맛이 나지 않을까… 싶을 정도로 홍차를 닮았다. 달콤한 맛은 은은하게 올라오고 고소한 맛은 고급스럽게, 단맛 뒤에 숨어서 입안을 자극한다. 그리고 여운이 제법 길어 한잔 마신 뒤에도 입과 코, 모든 기관지에 남는다. 반면 탄산은 이런 맛과 어울리지 않을 정도로 강했는데, 아마 무더운 괌의 해변에서 마셨다면 적당하다고 느꼈을지도 모르겠다.

맥주를 마시며 혼자 소파에 누우니, 마치 눈앞에 노을 진 괌의 풍경이 펼쳐지는 것 같다. 저 멀리 노을 지는 바다를 바라보며, 적당히 식은 모래사장에 파라솔 하나 펼쳐놓고 혼자 홍차를 마시면서 분위기에 취하는 장면. 내가 그 장면의 주인공이 된 것 같은 기분이다. 휴양지 별것 없다. 이렇게 집에서 기분 좋게 맥주를 마시며 축 늘어지는 것, 그게 휴양이고 진정한 휴식이다.

코나 파이어락 페일 에일
Kona Fire Rock Pale Ale

"비 내리는 하와이 밤의 정취"

페일 에일 Pale Ale
미국 USA

어쩐지 어둡고 조용한 분위기의 맥주.
짙은 캐러멜 맛과 젖은 솔잎의 향기는
어둠이 드리워진 밤바다를 떠올리게 한다.

앞서 소개한 코나의 빅 웨이브도 그렇고 코나의 맥주는 대체로 하와이의 감성을 잘 살린다. 빅 웨이브가 화창한 오후에 즐기는 서핑이라면 파이어락은 어두운 밤, 해변에서 즐기는 밤바다 감상이다.

파이어락을 잔에 따르면 짙고 어두운 색깔의 외관, 그리고 몽글몽글 형성되는 거품을 볼 수 있다. 이렇게 짙고, 거품도 잘 생기는 맥주는 매우 높은 확률로 맛있는 맥주다. 진짜다. 믿어도 된다(믿거나 말거나). 그리고 코를 가져다 대면 은은하게 캐러멜과 소나무 향기가 풍긴다. 겉모습과 향이 완벽하니 맛도 기대할 수밖에 없다.

맥주에서 가장 먼저 느껴지는 맛은 짙은 색의 캐러멜, 그리고 살짝 구운 비스킷의 맛이다. 흡사 영국식 페일 에일을 마실 때처럼, 입 안을 가득 채우는 온화한 맥아의 맛이 아주 만족스럽다. 그리고 이어지는 젖은 소나무 향기. 화창한 날의 소나무보다는 비 오는 날의 소나무를 닮은 이 향기는 입 안에 축 가라앉는다. 그 후 예상치 못했던 시트러스가 미세하게 느껴지는데, 어쩌면 어둡고 축축해질 수 있는 맥주의 분위기를 살짝 띄워준다.

맥주를 한 모금 마시고 눈을 감으면, 인적이 드문 우기雨期의 하와이 해변이 펼쳐진다. 어디선가 느린 템포의 우쿨렐레 연주곡이 흘러나오고, 흔들의자에 홀로 앉아 추적추적 내리는 비를 벗 삼아 흥얼거리는 나의 모습. 이 순간 내가 앉아있는 곳은 우리 집 소파가 아니다. 비 내리는 하와이 해변이다. 맥주와 함께라면 우리 집이 곧 하와이다. 아, 하와이 가보고 싶다…

홉고블린 골드
Hobgoblin Gold

"비 그친 동네 뒷산의 짙은 산 냄새"

골든 에일 Golden Ale
영국 England

향긋한 과일, 물에 젖은 풀, 촉촉한 대지의 향기를 담은 맥주. 지금 막 비 그친 뒷산을 닮은 향기에 어쩐지 옛날 생각이 난다.

미국식 골든 에일은 주변에서 쉽게 만날 수 있다. 편의점, 마트, 맥줏집 등에서 취급하는 골든 에일의 상당수가 미국의 스타일을 따르고 있기 때문이다. 반면 영국식 페일 에일을 계승한 골든 에일은 비교적 접하기 어려운데, 다행히 가까운 대형마트나 편의점에서 만날 수 있는 영국식 골든 에일British Golden Ale도 드물게 있다. 바로 지금 소개하는 홉고블린 골드다. 영국 에일 특유의 짙은 맥아 맛이나 효모의 에스테르*는 거의 느껴지지 않지만, 과일, 풀, 소나무, 토양을 닮은 영국다운 홉의 향기는 충분히 만끽할 수 있다.

맥주를 마시면 가장 먼저 홉의 풋풋한 과일의 맛이 느껴진다. 어떤 과일인지 정확히 떠오르진 않지만, 다양한 과일 냄새가 한 번에 쏟아지는 대형마트 과일코너를 빼닮은 향이 기분 좋게 느껴진다. 곧이어 땅에서 이제 막 캐낸 더덕을 닮은 풀 내음, 토양의 향기가 진동하는데, 마치 과일이 가득 열린 나무를 뿌리부터 열매까지 한입에 다 먹는 느낌이다. 반면 맥아의 존재감은 아주 미미하다. 고소한 맛만 살짝 보여주고 사라지는데, 상대적으로 홉의 향기가 더 강하게 느껴져서 오히려 좋다.

뒤섞인 과일, 토양, 풀 냄새는 어쩐지 25년 전 어린 시절의 내가 혼자 시간을 보내던 동네 작은 뒷산을 떠오르게 한다. 비 온 다음 날 아침, 향긋한 자연의 냄새를 쏟아내던 뒷산과 해맑게 산을 뛰어다니던 어린 시절이 머릿속에서 자동으로 재생된다. 이제는 아파트가 들어서면서 사라져버린 곳이지만 홉고블린 골드를 마시며 누워있는 지금, 나는 과거 그 풍요로운 뒷산을 그대로 기억할 수 있다. 오래된 감각을 하나하나 더듬어 되살려내는 기억. 그리고 생생히 그려지는 그때의 풍경과 냄새. 혼자 유유히 보내는 휴가 중 가장 행복한 시간이 아닐까.

*효모가 발효 과정 중 만들어내는 성분으로 특유의 과일, 꽃 향기를 낸다. 일반적으로 영국 에일 효모는 자두와 살구를, 독일 바이젠 효모는 바나나를 닮은 맛과 향을 낸다.

홉하우스 13
Hop House 13

"쉬다 말고 집에
안부 전화 드리고 싶어지는 맛"

페일 라거 Pale Lager
아일랜드 Ireland

달콤하게 잘 볶아진 맥아,
은은하게 퍼지는 복숭아와 살구 향기는
포근했던 어린 시절을 떠오르게 한다.

얼씨구? 기네스는 스타우트만 잘 만드는 줄 알았더니 라거까지 잘 만드는 회사였다. 누구는 하나만 잘하기도 힘든데 하는 것마다 성공하니 대단하다는 생각만 든다. 우선 맥주는 짙은 호박Amber색이다. 호박을 녹이면 이런 색이 되지 않을까… 싶을 정도로 아름다운 색인데 빛에 비춰보면 일렁이는 모습에 탄성이 절로 나온다. 이 짙은 색깔만큼 맥아의 캐릭터 역시 강하다. 꿀과 캐러멜이 떠오를 만큼 달콤하고 탄탄한 맛으로, 짙은 색깔의 외관을 감상하며 마시면 왠지 따뜻한 느낌이 든다. 이후에는 홉과 효모가 만들어내는 복숭아, 자두를 닮은 과일 향이 몰려온다. 앞서 등장한 달콤한 맛과 무척 잘 어울려, 과즙 가득한 과일을 먹는 것 같이 기분이 좋다.

이렇게 맥주를 마시고 있으면 어쩐지 포근했던 어린 시절이 생각난다. 주말에 모처럼 TV 만화영화를 보며 띵까띵까 놀고 있으면, 엄마는 달콤한 복숭아와 자두를 깎아주시곤 했다. 감사하다는 말 한마디 없이 그냥 당연하게 덥석 받아먹었는데, 나이 들고 보니 자두를 깎아 먹기는 고사하고 씻는 것조차 엄청 귀찮은 일이었고, 누군가에게 과일을 깎아준다는 건 그만큼 애정이 있어야만 가능한 일이었다. 달콤하고 과일 향 가득한 맥주를 마시면서 그리운 옛날을 떠올리는 순간, 다시 돌아갈 수 없다는 생각에 살짝 슬프기도 하지만 평범하고 즐거웠던 추억 덕분에 괜스레 훈훈해진다.

이왕 이렇게 옛날 생각이 난 김에, 술기운을 빌려 오랜만에 엄마한테 전화 드려보자. 전혀 예상치 못한 시간에 연락받아 당황하시겠지만, 오히려 더 반가워하시지 않을까. 즐겁게 통화를 마치고 나면, 내 인생 전체를 통틀어 가장 뿌듯한 휴가가 될지도 모르겠다.

재택근무 중, 양심과 충동 사이에서 마시기 좋은 맥주

어색하고 낯설었던 재택근무.

어느새 평범한 근무 방식 중 하나가 되었다. 컴퓨터 앞에서 열심히 일하는 나의 모습은 사무실과 별반 다르지 않지만, 주변에 보는 눈이 없기 때문에 큰 자유를 손에 쥔 기분이 든다. 덕분에 딱… 한 잔만 마시면서 할까… 악마의 속삭임에 귀를 기울이게 되기도 한다.

하지만 NO! 음주는 절대 금지. 엄연히 돈을 받고 일하는 프로 직장인인 만큼 업무 중 음주는 절대 용납해서는 안 된다. 사실 일하면서 맥주 마시면 열 받아서 1시간 만에 주량을 초과해버릴 것 같다. 그래서 마시면 안 된다… 큰일 난다…

지금, 이 순간 당신에게 필요한 건 충동과 양심 사이에서 균형을 잡아줄 맥주 한 잔이다.

칭따오 논알콜릭
Tsingtao Non Alcoholic

"칭따오 맥주보다 맛있는
칭따오 무알코올 맥주"

무알코올 맥주 Non-Alcoholic Beer
중국 China

어떻게 무알코올 맥주가 더 맛있을 수 있을까?
원작을 뛰어넘은 훌륭한 퀄리티가 놀랍다.
진짜 맥주를 마시는 것 같은 착각에
어쩐지 취하는 것 같기도 한 최고의 무알코올 맥주.

건강상의 이유로 당분간 맥주를 쉬게 된, 안타까운 사정의 내 친구 B. 하지만 그는 투병 중에도 계속해서 맥주를 갈구했고 결국 맥주보다 더 맛있는 무알코올 맥주, 칭따오 논알콜릭을 발견했다. 맥주 대체재를 찾았다는 그의 밝은 목소리를 듣고도 나는 그런 게 가능할 리 없다며 믿지 않았지만, 혹시나 하는 기대를 했던 것 역시 사실이다. 그렇게 호기심에 구입해본 칭따오 논알콜릭. 결론부터 말하자면 B의 말은 진실이었다…

흔히 마트나 편의점에서 구할 수 있는 저렴한 무알코올 맥주는 물에 여러 가지 합성향료와 인공감미료를 섞어서 맥주 비스름한 맛이 나도록 만든 가짜(?)가 대부분이다. 하지만 이 칭따오 논알콜릭은 맥주와 동일한 재료를 이용해 만든 진짜 무알코올 맥주다(정확하게는 비알코올 맥주라 부른다). 즉, "정제수, 맥아, 홉, 효모"로 진짜 맥주를 만든 다음 알코올만 제거한, 제대로 만든 무알코올 맥주라는 말이다.

맛은 놀라운 수준이다. 오히려 오리지널 칭따오 맥주보다 곡물 맛이 훨씬 진하다. 고소한 곡물의 맛이 초반부터 깊게 느껴지는데 이제 막 만든 누룽지처럼 노릇하게 고소하다. 오리지널 칭따오 맥주에는 맥아와 쌀이 혼용되지만, 무알코올 버전에는 쌀 없이 순수 맥아만 들어가서 그런 게 아닐까 추측해본다. 원재료와 맥아의 존재감만 보자면 오히려 무알코올이 더 좋은 신기한 맥주다.

한 가지 아쉬운 점이 있다면, 뒤늦게 살짝 올라오는 어쩐지 신경 쓰이는 단내. 사실 이 단내는 이 맥주에서만 느껴지는 건 아니고, 대부분의 '잘 만든' 무알코올 맥주에서도 나타난다. 아마 알코올을 제거하는 공정상 어쩔 수 없거나 아직 발효되지 못한 당이 남아있는 탓이지 않을까 싶다.

무알코올 맥주임에도 오히려 오리지널 칭따오 맥주보다 더 깊고 고소한 맛을 느낄 수 있는 칭따오 논알콜릭. 이 맥주는 당신이 충동과 양심 사이에서 고민할 때 충동과 양심 모두를 선택할 수 있게 도와줄 것이다.

빅드롭 브루잉
파인 트레일 페일 에일

Big Drop Brewing Co.
Pine Trail Pale Ale Alcohol-Free

"깊은 숲속에서 나 혼자 재택근무"

무알코올 맥주 Non-Alcoholic Beer
영국 England

이럴 수가! 일반 맥주에서도
쉽게 느끼기 어려운 홉의 풍성한 풀 내음이
무알코올 맥주에서 느껴진다.
미국식 페일 에일을 대체할 수 있는
제대로 만든 무알코올 맥주.

재택근무를 하다 보면 갑자기 문밖으로 뛰어나가서 산책도 하고 싶고, 바깥바람도 좀 쐬고 싶어지는 때가 있다. 사실 그냥 농땡이 피우고 싶은 거지만⋯ 이런 당신에게 필요한 무알코올 맥주가 바로 빅드롭 브루잉의 파인 트레일 페일 에일이다. 마치 숲속 한 가운데에 서 있는 것 같은 착각을 불러일으키는 신기한 무알코올 맥주다.

맥주 캔을 열자마자 혹시 내가 실수로 일반 맥주를 딴 건 아닌가 싶어질 정도로 아주, 아주 기분 좋은 냄새가 진동한다. 신선한 미국식 IPA 혹은 페일 에일을 열었을 때 기분 좋게 풍겨오는 화사한 꽃향기와 풀 내음이 콧속 깊숙이 훅 들어온다. 이건 뭐 향기만으로도 이미 100점 받고 시작하는 거다. 냄새가 이 정도인데 맛이 없을 수가 없다. 맥주를 후루룩 한 모금 마시면 찌릿찌릿 전해져오는 상쾌한 꽃내음과 풀 냄새가 지끈지끈한 속세를 잊게 해주면서, 마치 숲 한 가운데서 삼림욕을 즐기는 것 같은 기분 좋은 착각을 불러일으킨다. 또한 깔끔하게 떨어지는 쓴맛도 일품이다. 입안에 남아있을 수 있는 잔 내를 깔끔하게 제거해준달까?

아, 그런데 이 맥주도 단점은 있다. 기분 좋게 맥주를 마시다 정신을 차려보면 지금은 근무 중이라는⋯ 고통스러운 현실을 마주하게 된다. 무알코올 맥주이지만 어지간한 미국식 페일 에일 이상의 훌륭한 퍼포먼스를 보여주는 파인 트레일 페일 에일. 이메일, 메신저, 문자 메시지, 공유폴더로 가득 찬 사막 같은 당신의 재택근무를 잠시나마 신선하게 환기해줄 수 있는 귀중한 무알코올 맥주다.

제주 누보
Jeju Nouveau

"미국 홉을 완벽히 대체하는
제주 감귤"

무알코올 맥주 Non-Alcoholic Beer
대한민국 South Korea

아무래도 홉은 진짜 과일을 이길 수 없나 보다.
미국 홉 들어간 페일 에일보다
훨씬 강한 시트러스를 뿜어내는
제주 감귤 들어간 무알코올 맥주.

미국식 페일 에일이나 IPA의 가장 큰 매력은 귤, 오렌지, 자몽이 떠오르는 화창한 맛과 향이다. 어쩐지 일이 잘 안 풀리는 순간이나 괜히 마음 한쪽이 답답한 날에 유독 이 맛이 생각나곤 하는데, 시원하게 한 캔 마시면 모든 걱정과 답답함이 사라질 것만 같다. 그리고 아주 다행스럽게도, 무알코올 맥주 중에서도 후련하고 상쾌한 맛을 그대로 즐길 수 있는 제품이 있으니, 바로 제주맥주에서 만든 제주 누보다.

이 무알코올 맥주는 아이디어가 훌륭하다. 감귤 껍질을 부재료로 사용함으로써 미국식 페일 에일, IPA에서 느낄 수 있는 귤, 오렌지, 자몽 향을 완벽하게 대체, 아니 어쩌면 그 이상으로 뿜어내고 있다. 뭐랄까, 귤 맛을 내고 싶으면 아예 귤껍질을 넣어버리자! 라는 극도의 실용주의적인 느낌이랄까? 창의적인 것 같기도, 당연한 것 같기도 한 "감귤 껍질"의 갑작스러운 등장은 무알코올 맥주에서도 부재료의 역할이 앞으로 무궁무진할 거란 기대를 하게 만든다.

맛을 좀 더 자세히 설명하자면, 먼저 무알코올 맥주 특유의 단맛이 살짝 느껴지고 바로 쌉쌀한 홉이 단맛을 잠재운다. 그리고 마지막에는 앞서 설명한 감귤 껍질이 등장해 향긋한 귤 향기를 뿜으며 대단원의 막을 내린다. 일반 맥주라고 해도 맛있을, 부재료의 활약이 훌륭한 무알코올 맥주다.

제주도의 특산품 제주 감귤의 껍질을 넣어 진짜보다 더 진짜 같은 맛을 보여주는 무알코올 맥주 제주 누보. 맥주 한 캔이 절실하게 필요한 순간 죄책감 없이 시원하게 한 잔 마실 수 있는 고맙고 깜찍한 무알코올 맥주다.

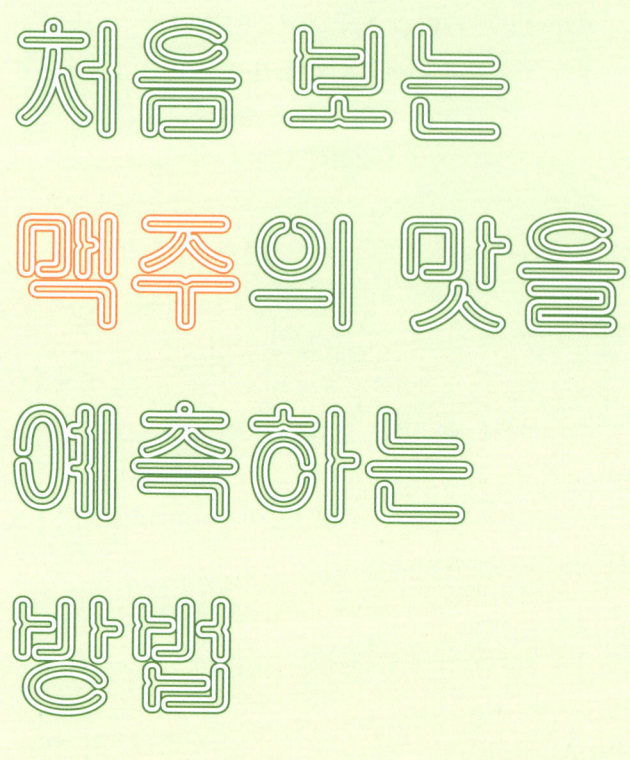

처음 보는 맥주의 맛을 예측하는 방법

맥주를 마시기도 전에 미리 맛을 알 수 있다면 새로운 맥주를 구입할 때 여러모로 도움이 된다. 그게 가능한 일이냐고? 물론 가능하다. 맥주 맛을 100% 정확히 알 수는 없지만 대략 예측해볼 수 있는 두 가지 방법이 있다. 생각보다 쉽고 간단하다. 캔맥주와 병맥주 모두 적용 가능하니 잘 읽고 따라 해보자.

1 앞면을 잘 보자

맥주 캔이나 병의 앞면에는 맥주 스타일을 짐작할 수 있는 힌트가 있다. 성수동 페일 에일, 인디카 IPA, 파운더스 포터와 같이 맥주 이름에 스타일이 노출되기도 하고, 맥주 이름 옆이나 캔의 상단 혹은 하단에 맥주 스타일을 작게 표기해 놓는 경우도 많다.

2 뒷면을 잘 보자

뒷면의 '원료명'을 통해서도 많은 정보를 얻을 수 있다. 예를 들어 맥주의 원료에 '전분, 옥수수, 쌀' 등의 부재료가 포함돼 있다면 부가물이 들어간 가벼운 맛의 라거일 가능성이 높다. 볶은 맥아나 볶은 보리가 들어갔다면 스타우트나 앰버 에일처럼 맥아 캐릭터가 강한 맥주일 것이고, 과일 농축액이나 합성향료 또는 시럽처럼 뭔가 수상한 재료가 들어갔다면 어딘가 맥주답지 않은 맛의 맥주일 거라고 예상할 수 있다.

자, 그러면 이제 이름만 보고는 도저히 어떤 맥주인지 짐작할 수 없는 "따상주"라는 맥주를 통해 모의고사를 풀어보자.

따상주

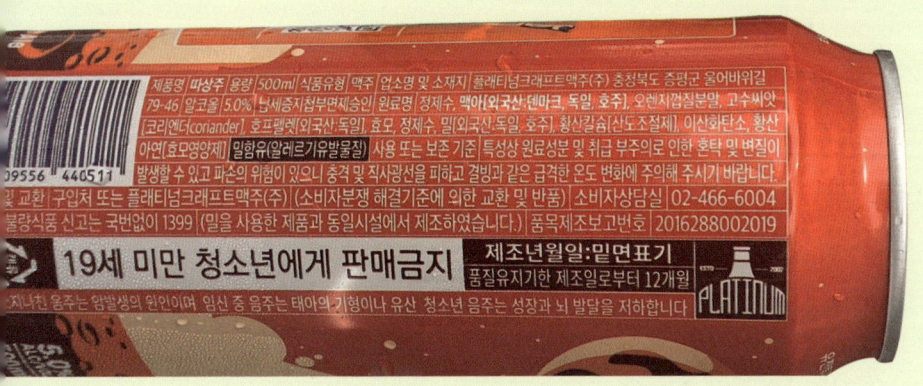

1. 앞면 오른쪽 하단에 White Ale이라는 힌트가 보인다. 윗비어 혹은 아메리칸 페일 위트 에일일 가능성이 아주 높다.

2. 뒷면의 원료명을 통해 정제수, 맥아, 홉, 효모 외에도 오렌지껍질 분말과 고수 씨앗이 들어간 걸 확인할 수 있다.

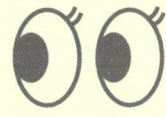

종합하면 이 맥주는 윗비어다. 물론 정확한 맛은 직접 마셔봐야 알 수 있지만 이렇게 대략적인 맛을 유추해볼 수 있다. 이런 식으로 몇 번 시도해보면 경험에 의한, 나름의 센스를 갖게 된다.

사랑에 빠진
당신을 위한
맥주

딱딱한 분위기를 풀어줄 달콤한 맥주

아직 서로를 부르는 호칭도 어색하다.

서로를 바라보는 눈빛이 조금은 낯설고, 서로에 대해 모르는 것도 아직 많다. 얼른 편한 사이로 발전하면 좋겠지만, 성급하게 가까워지는 것보다는 천천히 시간을 두고 자연스럽게 다가가고 싶다. 딱 한 걸음만 가까이 다가가고 싶은 오늘, 가볍게 맥주 한잔하면서 서로의 이야기에 귀 기울이고 싶다.

지금, 이 순간 당신에게 필요한 건 딱딱한 분위기를 풀어줄 몽글몽글한 맥주 한 잔이다.

호가든 페어
Hoegaarden Pear

"추석 차례상에 배 대신 올려도 좋을 맛"

윗비어 Witbier
벨기에 Belgium

'호가든' 맥주와 '갈아 만든 배' 음료를 섞은 맛이다.
어떤 딱딱한 분위기라도
단번에 부드럽게 만들어줄 달콤한 맥주.

나와 평생을 함께하기로 안타까운 선택을 한 A양이 푹 빠져있는 맥주다. 호가든은 과거부터 다양한 컨셉으로 신제품을 출시했다. 가장 유명한 건 아마 호가든 로제일 것이고, 호가든 포멜로(이것도 정말 맛있다), 호가든 보타닉 등등 다양한 제품으로 소비자를 만족 혹은 당황케 했다. 그리고 이번 주인공은 배다. 이미 시중에 갈아 만든 배, 갈배 사이다 같은 배 음료가 여럿 있어서 호가든 페어가 얼마나 맛있게 느껴질지 걱정하면서 마셨는데, 결론부터 말하자면 전혀 걱정할 필요가 없었다. 그 어떤 배 음료보다 호가든 페어가 훨씬 맛있다.

맥주의 맛을 한마디로 표현하자면 "배즙 섞은 호가든"이다. 배 향만 적당히 풍기지 않을까 예상했지만, 생각보다 짙고 제대로 느껴지는 배 맛에 깜짝 놀랐다. 호가든 특유의 맛도 살아있다. 코리앤더 씨앗의 소다 맛이 은은하게 올라오고 오렌지 껍질의 화창한 맛도 약하지만 확실히 느껴진다. 단순히 배 맛이 나서 맛있는 게 아니라 배 맛과 호가든 맥주 특유의 개성이 완벽하게 어우러져 더욱 맛있다.

혹시 내가 맥주를 너무 좋아해서 맛있다고 착각하는 건가 싶었지만, 다행히 비싸고 맛있는 맥주만 좋아하는 A양도 호가든 페어를 향해 따봉을 날려주고, 종종 찾아 마시는 걸로 봐서는 제대로 만든 맥주가 맞는 것 같다. 내가 큰 잘못을 해서 분위기 반전이 필요할 때마다 딱딱하다 못해 꽝꽝 언 분위기를 귀신같이 녹여주는 호가든 페어. 이 정도 성능(?)이면 썸남썸녀의 어색한 분위기 정도는 1초 만에 훈훈하게 풀어줄 수 있을 것이다.

린데만스 뻬슈레제
Lindemans Pecheresse

"복숭아 맛이 나는 어른 술"

프룻 람빅 Fruit Lambic
벨기에 Belgium

달콤한 복숭아 맛과
시큼하고 구릿한 식초 맛의 완벽한 조화.
마냥 가볍지만은 않은 어른스러운 술.

어라? 람빅Lambic이라는 스타일은 처음이다. 람빅은 벨기에의 독특한 맥주 중 하나로, 발효 과정 중 맥주를 외부에 노출함으로써 공기 중의 효모, 박테리아까지 발효에 활용하는 스타일이다. 식초를 닮은 시큼한 맛 때문에 호불호가 갈리기도 하는데 거부감을 줄이기 위해 과일을 섞는 경우도 있다. 이번 주인공 린데만스 뻬슈레제는 람빅에 복숭아 주스를 섞어 탄생한 명작으로, 람빅 특유의 시큼 꼬릿한 맛이 복숭아의 달콤한 맛과 절묘하게 잘 어우러진다.

병을 따고 잔에 맥주를 따르면 곧바로 향긋한 복숭아 향을 맡을 수 있다. 복숭아 중에서도 제법 숙성되어 물렁물렁해지고 멍든 복숭아의 느낌. 뭔가 아주 달콤하고 식감이 흐물거릴 것 같은 그런 짙은 복숭아 향이다. 맥주를 마시면 달달하고 향기로운 복숭아 맛이 기분 좋게 느껴지고, 그 후 람빅답게 꼬릿하고 시큼함이 입맛을 돋게 한다. 특히 이 시큼한 맛은 홍초를 떠올리게 할 정도로 화들짝 다가오는데, 이게 참 매력적이다.

흔히 과일 맛 술이라고 하면 가볍게 술술 넘어가는 술을 떠올리는데, 린데만스 뻬슈레제는 완전히 반대다. 맛과 분위기는 경쾌하지만 꼬릿하고 시큼한 맛이 더해지면서 더 음미하고, 느끼고, 집중하게 만든다. 좀 더 어른스러운, 어른에게 어울리는 깊고 복잡한 맛의 명품 맥주라고 할 수 있다. 가볍게 한 잔 같이 기울이면서 맥주 센스까지 보여주고 싶은 당신에게 린데만스 뻬슈레제만큼 좋은 선택은 없을 것이다.

조금 더 깊은 관계를 위한, 더 짙고 더 달콤한 맥주

처음 만났을 때의 어색함은 이제 없다.

딱딱한 분위기도, 어색한 침묵도 벌써 남의 일처럼 느껴진다. 같이 있는 것만으로도 미소가 지어지고, 특별한 일 없이도 더없이 즐거운 우리. 그리고 이젠, 좀 더 깊은 사이가 되고 싶다. 서로에게 있어 가장 중요한 사람, 앞으로도 쭉 함께하고 싶은 사람이 되고 싶다.

속 깊은 대화를 나누고 싶은 오늘. 어쩐지 쑥스러운 기분이 들어 맥주의 힘을 빌릴 수밖에 없겠다. 오늘은 좀 더 진한 맥주를 마시면서 서로 마음에만 담아뒀던 이야기를 나눠야겠다.

지금, 이 순간 당신에게 필요한 건 우리 사이만큼이나 더 짙고, 더 달콤한 맥주 한 잔이다.

첫사랑 IPA
First Love IPA

"우리 모두는 누군가의 첫사랑이었다"

헤이지 IPA Hazy IPA
대한민국 South Korea

평범한 우리들도 모두 누군가의 첫사랑이었다.
누군가는 평범한 당신을
보고 가슴 뛰는 경험을 했고,
당신도 평범한 누군가를 보며
남몰래 미래를 그려봤다.
첫사랑 IPA는 그런 우리를 닮았다.

이름부터 예사롭지 않다. 첫사랑? 그게 언제였지…? 아~!! 지, 지금이지!!! 얼른 정신 차리게 만드는 무서운 맥주다. 첫사랑이자 마지막 사랑은 지금…이다! 무조건 지금이어야 한다. 아무튼 첫사랑 IPA는 헤이지 IPA다. 헤이지 IPA는 홉의 쓴맛보다 아로마에 초점을 맞춘 스타일로 홉의 열대과일 향, 꽃향기를 풍성하게 느낄 수 있다. 강한 아로마를 위해 왕창 들어간 홉에서 떨어져나온 찌꺼기, 그리고 여과되지 않은 효모가 맥주에 그대로 남아있어 뿌옇게 보이는데, 덕분에 뿌연Hazy IPA라고 불리기도, 탄생 지역의 이름을 따 뉴잉글랜드New England IPA라고 불리기도 한다.

첫사랑 IPA를 마시면 가장 먼저 파인애플, 망고를 닮은 열대과일 맛이 파도처럼 강하게 밀려온다. 그다음 코를 살짝 찡긋거리게 만드는 상큼한 시트러스가 입안을 깔끔하게 정리해준다. 이 열대과일 향이 얼마나 강한지 맥주를 마신 뒤 코로 숨을 내쉴 때마다 다시 한번 파인애플, 망고 향이 훅훅 기관지를 채울 정도다. 쓴맛은 거의 느껴지지 않는다. 사실상 열대과일 주스라고 해도 손색없는 정도로 쓴맛 없이 풍부한 열대과일 향을 만끽할 수 있는 짙고 달콤한 맥주다.

첫사랑 IPA는 아주 전형적이고 기본에 충실한 헤이지 IPA다. 마시는 사람에 따라서는 특별한 매력이 부재한, 다소 단조로운 맥주라고 느낄 수도 있는 평범한 헤이지 IPA다. 하지만, 오히려 이런 점 때문에 헤이지 IPA의 진면목을 느낄 수 있는 매력적인 맥주이기도 하다. 마치 우리를 닮았다. 지극히 평범하지만, 그래서 오히려 서로에게만 특별해 보이는 우리. 다른 사람에게는 평범한 누군가일 뿐이지만, 서로에게는 반짝이는 매력을 발산하는 우리를 말이다. 첫사랑이자 마지막 사랑을 하고 있는(…?) 당신. 평범해서 특별한 "진짜 첫사랑"과 마시기 좋은 맥주다.

듀쳬스 드 부르고뉴
Duchesse de Bourgogne

"엄마가 담근 매실청을 까먹고 있다가
 3년 뒤에 꺼내어 먹는 맛"

플랜더스 레드 에일 Flanders Red Ale
벨기에 Belgium

냄새는 시큼한 식초 냄새로 제법 고약하지만,
맛은 새콤달콤 잘 발효된 매실청 같다.
마시다 보면 어느새 중독되는
마성의 새콤달콤 맥주.

안 마셔본 사람은 있어도 한 번만 마셔본 사람은 없다는 독특하고 특별한 맛의 맥주다. 일단 이 맥주는 벨기에의 플란데런 지방에서 유래한 '플랜더스 레드 에일Flanders Red Ale'이라는 붉은색의 맥주다. 앞서 설명한 람빅과 비슷한 방식으로 만들어지는데, 오크통에서 발효되는 동안 맥주를 다양한 효모, 젖산균, 박테리아 등에 노출해 독특한 맛을 만들어낸다.

듀체스 드 부르고뉴의 가장 큰 특징은 식초를 연상케 하는 시큼한 맛과 오래된 과일을 먹는 것 같은 새콤달콤한 맛이다. 우선 시큼한 맛은 쭈욱 쥐어짠 레몬즙을 식초와 섞어서 입 안에 밀어 넣는 것처럼 시고 자극적이다. 이게 맥주가 맞나… 싶을 정도로 시큼하다.

그리고 긴 시간 숙성돼 살짝 알코올이 형성된, 오래된 과일의 시큼하고 달콤한 맛이 느껴진다. 이 맛은 마치 약 3년 전 엄마가 호기롭게 담근 매실청을 온 가족이 깜빡 잊은 상태로 지내다가 우연히 발견해 꺼내어 마시는 느낌이다. 혹자는 콤부차를, 또 다른 누군가는 레드 와인을 닮았다고 한다. 하지만 나에게는 우연히 긴 시간을 견뎌 다채롭고 깊은 맛을 지니게 된 엄마의 3년 된 매실청을 떠오르게 한다.

연인 사이도 마찬가지다. 의도하지 않지만, 자연스레 긴 시간을 함께 보내면서 무수히 많은 추억과 사건을 만들어내고 그로 인해 새콤달콤한 관계를 맺어 나간다. 마냥 달기만 해서는 깊은 사이가 되지 못한다. 시큼하기도, 꼬릿하기도, 달기도 해야 진한 듀체스 부르고뉴처럼 깊은 사이가 된다. 듀체스 부르고뉴 같은 사이를 위해 사랑하는 사람과 나누는 즐거운 한 잔. 잊지 못할 소중한 시간이 될 것이다.

아잉거 우르바이스
Ayinger Urweisse

"아이가 생긴다면
 가장 먼저 같이 마시고 싶은 맥주"

둥켈 바이젠 Dunkelweizen
독일 Germany

도저히 싫어할 수가 없는 달콤한 맛이다.
달달한 식혜 맛부터 더 달달한 바나나 맛까지.
호불호가 절대 갈릴 수 없는 완벽한 바이젠!

아, 둥켈 바이젠은 또 뭐야… 아까 편의점 맥주 마시면 다 끝이라며!!! 진짜!!! … 진정하자, 어렵지 않다. 바이젠Weizen은 밀맥주를 뜻하는 말이라고 앞서 설명했다. 둥켈Dunkel은 독일어로 어둡다Dark는 뜻으로, 맥아를 어두운색으로 구워 만든 독일 맥주를 말한다. 이 어두운 맥주는 겉보기와 달리 캐러멜, 초콜릿을 닮은 달콤한 맛을 낸다. 종합하면 둥켈 바이젠은 어두운색의 맥아를 사용한 밀맥주가 되고, 맥아의 단맛과 바이젠 효모의 바나나 맛이 조화를 이루는 스타일이라고 쉽게 이해할 수 있다.

맥주를 마시면 가장 먼저 무한으로 치닫는 극한의 단맛이 느껴진다. 맥주를 양조하다 보면 지나칠 수 없는 순간이 있는데, 바로 당화된 맥아즙을 맛보는 때이다. 뜨거운 물에 분쇄된 맥아를 넣으면 맥아의 당이 물에 우러나 달콤한 맥아즙이 만들어지는데, 식혜를 만들 때 쓰이기도 하는 만큼 의외로 친숙한 맛이다. 아무튼 식혜 맛이 그대로 살아있는 듯한 날것의 달달한 맛이 잘 느껴진다. 그다음은 바이젠 특유의 바나나 맛. 굉장히 밝고 경쾌한 느낌의 바나나 맛인데 과자 바나나킥을 먹는 것처럼 가볍고 트렌디한 느낌이다.

상상해보자. 식혜가 생각날 정도로 달콤한 맥아의 맛에 바나나킥이 떠오를 만큼 향기롭고 경쾌한 바나나 맛. 도대체 누가 싫어할 수 있으랴. 이런 생각까지 든다. 나도 언젠간 아이를 가지게 될 것이고 그 아이는 늘 맥주 마시며 낄낄대는 아빠를 볼 것이다. 그러면 자기도 맥주를 마셔보겠다고 나를 재촉하겠지. 그런 순간이 되면 아이가 몇 살이든 상관없이 바로, 이 맥주를 권하고 싶다. 분명히 이 달콤한 맥주를 좋아할 것이다. 물론, 이건 그저 상상이다. 미성년자에게 술을 권하는 나쁜 어른은 아니다.

극도의 달콤한 맛으로 마시는 사람 모두를 팬으로 만들어버리는 무서운 맥주, 아잉거 우르바이스. 깊은 관계를 만드는 데 달콤한 음식만큼 훌륭한 미끼도 없다. 어지간한 초콜릿, 캐러멜보다 진한 달콤함을 통해 좀 더 깊은 사이로, 더 달콤한 사이로 나아가보자.

레페 브라운
Leffe Brune/Brown

"술 들어있는 미니쉘"

벨지안 브라운 에일 Belgian Brown Ale

벨기에 Belgium

6.5도의 높은 도수와 달콤한 초콜릿이 만났다.
달콤하지만 뜨거운 맥주를 찾는다면,
답은 레페 브라운이다.

맥주에 대해 잘 몰랐을 때는 독일이 세계 최고의 맥주 국가라고 생각했다. 마치 독일 맥주가 세계 최고고 다른 나라는 전부 별로인 것 같은 느낌? 하지만 알고 보면 독일, 체코, 영국, 미국 등 저마다 훌륭한 스타일이 존재한다. 특히 "트라피스트 Trappist"라고 불리는 수도원 맥주도 대부분 벨기에에서 만들어지니, 내가 몰라도 한참 몰랐다. 이번 주인공 레페 브라운도 벨기에의 수도원 맥주 레시피를 바탕으로 만들어진 반半 수도원 맥주, 애비 에일 Abbey Ale로 벨기에 맥주의 깊은 맛을 느낄 수 있다.

맥주를 마시면 먼저 갈색 맥아 특유의 초콜릿 맛이 느껴진다. 불에 살살 그을려서 맛이 짙어진 초콜릿 같달까? 직선적이고 꾸밈없는 단맛이 맥주의 중심을 잡아준다. 이후에는 다소 호불호가 갈릴 수 있는 벨기에 맥주 효모 특유의 꼬릿한 맛이 느껴지고, 곧 바나나와 바닐라를 닮은 향기도 올라온다.

이렇게 맥주의 모든 맛을 감상하고 나면 뒤늦게 6.5도의 높은 도수가 훅 들어온다. 마치 미니쉘 초콜릿 안에 술이 들어 있는 것처럼, 한창 달콤하다가 갑자기 찾아오는 술기운에 깜짝 놀라게 된다. 물론 "에잇! 이게 뭐야!" 하고 놀라는 게 아니라 "우와! 이게 뭐야!"하고 놀라는, 긍정적인 놀람이다. 도수가 다소 높은 편이기 때문에 맛있다고 홀짝이다간 금방 취해버릴 수 있으니 조심해야겠다.

달콤한 맛과 뜨거운 술기운이 공존하는 레페 브라운. 마냥 달콤하기만 할 줄 알았지만, 속내는 뜨거운, 생각보다 어른스러운 우리의 모습을 가장 닮아있는 맥주일지도 모르겠다.

매일 사용하기 좋은 맥주잔 고르는 방법

맥주는 무조건 잔에 따라 마셔야 한다. 그래야 맥주의 예쁜 색깔을 감상할 수 있고, 코가 잔 안으로 들어가 향을 듬뿍 느낄 수 있으며, 거품이 형성돼 맥주의 탄산감을 오래 유지할 수 있다.

맥주잔의 중요성을 일찍부터 깨닫고 계셨던 우리의 맥주 조상님, 맥주 선배님들께서는 스타일마다 적합한 맥주잔을 개발했다. 하지만 다양한 모양, 다양한 크기의 잔을 사용해보니 신경 쓸 것도 많고 불편한 점도 많았다. 비싸고, 잘 깨지고, 자리 차지하고, 설거지 불편하고, 콜라 마실 때 어색하고…(?) 그래서 나는 몇 가지 기준을 충족하는 적당한 맥주잔을 구입해서 몇 년째 사용 중인데 맥주 맛을 느끼는 데는 아무런 지장도 없다.

1 튼튼해야 한다.

옮기다 깨지고, 설거지하다가 깨지고. 아무래도 유리잔은 충격에 약하다. 적당히 두툼하고 모양이 단순하며 너무 길쭉하지 않고 튀어나온 부분이 없는, 튼튼한 잔이 좋다.

2 손가락이 끝까지 들어가야 한다.

아무리 설거지를 미리 해놓는다고 해도, 급하게 맥주잔을 씻어야 하는 상황은 꽤 자주 발생한다. 얼른 마셔야 하는데 잔이 너무 길어서 저 밑까지 빠르게 세척하지 못한다면, 괜히 스트레스받고 찝찝한 기분마저 든다. 따라서 손가락 끝이 바닥에 쉽게 닿을 수 있는 길이의 잔을 사용하는 편이 시간 절약에도 좋고 정신건강에도 이롭다.

3 프린팅이 없어야 한다.

맥주 로고나 그림이 그려진 잔은 이쁘다. 하지만 식기 세척기에 넣으면 색이 변하거나 지워져 버려 마음이 아프다. 따라서 애초부터 프린팅이 없는 게 정신건강에 좋다. 손 설거지를 선호한다면 상관 없다.

그래서 내가 자주 사용하는 잔은 9,000원에 6개, 단순하고 저렴한 잔이다. 물론 스타일별로 권장되는 맥주잔을 사용하면 맥주의 향과 맛을 느끼는 데 큰 도움이 된다. 하지만 크게 스트레스받지 않고, 데일리 용으로 사용할 목적이라면 단순한 잔을 사용해도 충분하다.

잊을 수 없는 오늘을 위한 특별한 맥주

남들에게는 대수롭지 않은 날이지만 우리 둘에게만큼은 잊을 수 없는 날이 있다.

둘이 처음으로 오락실에서 신나게 놀았던 날, 취향에 딱 맞는 카페에 손님이 우리뿐이었던 날, 산책 중 무심코 바라본 하늘에 별자리가 보였던 날. 다른 사람과 함께였다면 그저 그럴 일이 함께였기에 잊을 수 없는 추억으로 남는 날이 있다. 언젠가 시간이 흘러서 다른 기억이 모두 마모되더라도 왠지 이 순간만큼은 절대 잊을 수 없을 것 같은, 절대 잊고 싶지 않은 날.

지금, 이 순간 당신에게 필요한 건 소중한 오늘을 오랫동안 기억할 수 있는 특별한 맥주 한 잔이다.

테넌츠 비어 에이지드 위드 위스키 오크
Tennent's Beer Aged with Whisky Oak

"오두막집 벽난로 앞에서 함께 불을 쬐는 외국 노부부 코스프레"

스코티쉬 에일 Scottish Ale
스코틀랜드 Scotland

고소하고 탄탄한 맥아 향과 은은하고 깊은 나무 향이 만났다. 어쩐지 포근한 시골 오두막집이 떠오르는 따뜻한 느낌의 맥주.

서양 영화를 보면 노부부가 오두막에서 사이좋게 늙어가는, 미소 지어지는 장면이 종종 있다. 그럴 때면 나도 언젠가 저렇게 살고 싶다는 야무진 꿈을 꾼다. 아직 30대 초반의 젊은 나이라 언제 그런 시절이 오나… 언제까지 돈 벌어야 하나… 하는 세월의 장벽이 느껴지긴 하지만 다행히 따뜻하고 포근한 오두막의 감성을 먼저 느낄 방법이 있다. 바로 테넌츠 비어 에이지드 위드 위스키 오크를 마시는 것.

스코틀랜드의 맥주는 전통적으로 비스킷, 갓 구운 빵, 캐러멜같이 고소하고 달콤한 맥아의 캐릭터가 강조된 경우가 많다. 이번 주인공은 스코티쉬 에일을 무려 '위스키를 담갔던 오크통'에 숙성하여 고소한 맛에 오크통 나무의 은은한 향까지 더했다.

맥주에서 가장 먼저 느껴지는 건 갓 구운 빵의 고소하고 거친 맛이다. 그리고 곧이어 은은한 나무 향이 나는데, 위스키로 젖어있던 오크통의 향이 그대로 녹아있다. 나뭇조각을 맥주에 담갔다 뺀 것처럼 나무 향이 퍼지고 스카치위스키 특유의 은은한 바닐라 향도 살며시 느껴진다. 마치 모닥불 피워놓은 오두막에서 풍기는 오래된, 마음 따뜻해지는 훈훈한 냄새를 담고 있는 것 같다.

맥주를 크게 한 모금 마시고 눈을 감으면 꿈같은 그림이 그려진다. 추운 겨울, 밖에서 나무를 베고 오두막으로 들어온 나는 벽난로 앞에서 추위에 언 몸을 녹이며 빵 한 조각을 덥석 먹는다. 그러면 어느새 나의 오랜 친구인 배우자가 고생했다며 따뜻한 우유를 가져오고, 나는 껄껄 웃는다. 특별하진 않지만 언젠간 꼭 경험해보고 싶은 포근하고 따뜻한 장면이다. 멋진 조명 아래서 오붓하게 테넌츠 맥주를 마시는 오늘. 특별한 일은 없었지만 둘이서 행복했던 오늘도, 내 야무진 꿈을 닮은 포근한 분위기도 잊지 못할 추억의 한 페이지가 될 것이다.

슈나이더 바이세 탭05 호펜바이세
Schneider Weisse Tap05 Hopfenweisse

"맥주를 만들고 있는 인간을 본 신이
답답한 마음에
'얘들아, 맥주는 이렇게 만드는 거란다…'
하고 알려주는 맛"

호펜바이세 Hopfenweisse
독일 Germany

맥아는 달콤한 캐러멜을,
홉은 태초의 자연이 갖고 있던 푸릇한 생명을,
효모는 풍부한 바나나 향을,
밀맥아는 풍성한 거품을!
맥주의 신이 알려주는 맥주의 참맛.

맥주 종결자다. 맥주에 들어가는 모든 재료가 본인의 몫을 100% 발휘하는 것뿐만 아니라 재료들의 궁합까지 완벽 그 자체다. 이 맥주는 '복 + IPA + 헤페바이젠', 세 가지 스타일이 하나로 합쳐진 호펜바이세Hopfenweisse 스타일이다. 우선 복Bock은 둥켈Dunkel의 맥아 캐릭터를 좀 더 강조해서, 더 강한 맛과 도수를 뽑아낸 '센 둥켈' 스타일을 말한다. 그리고 IPA는 알다시피 맥아와 홉이 왕창 들어간 페일 에일인데, 이미 복 스타일이 맥아를 강조하고 있기 때문에 여기서는 홉이 많이 들어간 스타일로 이해하는 게 맞겠다. 마지막으로 헤페바이젠. 효모의 풍부한 바나나 향과 밀맥아의 풍성한 거품이 특징인 스타일이다. 이렇게 보면 맥주가 담고 있는 맛이 너무 다양해서 어지러울 것 같지만 놀랍게도 모든 맛이 아름다운 조화를 이루고 있다.

먼저 맥아는 복답게 깊고 짙은 캐러멜 맛을 낸다. 마치 재래시장에서 갓 만든 호박엿을 먹는 것처럼 찐득찐득한 달콤함이 훅 들어온다. 그리고 독일 할러타우Hallertau 계통의 홉이 느껴지는데, 이 맥주의 하이라이트라고 할 수 있다. 태초의 향, 무한한 대지의 향, 가이아Gaia의 향기라고 할까. 아직 아무런 꽃과 열매가 열린 적 없는 대지. 세상의 모든 풀, 꽃내음을 응축하고 있는 대지를 한입에 마시는 느낌이다. 비록 맥아와 홉에 비해 밀맥아와 효모의 존재감은 약한 편이지만, 바나나 향과 풍성한 거품은 부드러운 느낌을 주며 맥주의 마무리를 장식한다. 정리하면, 달콤한 맥아로 시작해 향긋한 풀 내음의 홉으로, 그리고 부드러운 효모와 밀맥아로 끝나는 아름다운 맥주라 할 수 있다.

단 한 잔에 맥주의 모든 맛을 담아낸 완벽한 맥주, 가장 맥주다운 맥주라 부르고 싶다. 신이 아니고서야 어떻게 이런 맥주를 만들 수 있을까… 하는 경외심마저 든다. 특별한 에피소드가 없는 날일지라도, 완벽한 이 맥주를 함께 마셨다는 이유만으로 이 순간을 평생 기억할 수밖에 없을 것 같다.

풀러스 ESB
Fuller's Extra Special Bitter

"세계에서 가장 고급스러운 명품 맥주"

ESB Extra Special Bitter
영국 England

영국식 에일의 끝판왕이다.
은은하게 퍼지는 어두운 홉 향기부터
입 안에 고급스럽게 붙는 맥아와 효모 맛까지.
루비를 먹을 수 있다면 이런 맛이 날 것 같다.

영국의 페일 에일은 홉의 쓴맛 때문에 비터Bitter 라고도 불리는데, 비터 중에서도 가장 강하고 풍부한 맛으로 '비터의 정수'라고 불리는 스타일이 바로 ESBExtra Special Bitter다. 그리고 이 ESB 스타일을 대표하는 맥주가 바로 이번 주인공 풀러스 ESB다.

맥주를 마시면 가장 먼저 고급스러운 맥아의 맛이 느껴진다. 맥아에 캐러멜 코팅을 한 뒤, 가마에서 은은하게 볶은 것처럼 달콤하면서도 매끄럽고 윤택한 질감의 단맛이다. 더불어 입 안에 찰싹 달라붙는 복숭아와 자두 맛도 매력적이다. 영국 에일 효모 특유의 맛인데 다른 스타일에서는 찾아보기 힘든 독특하고 재밌는 맛이다. 맥아와 효모로 인한 달콤한 맛과 향은 마치 입 안에 루비를 넣고 천천히 굴리는 듯한 착각에 빠질 정도로 아름다운 경험을 선사해준다.

한편 홉의 역할도 빠뜨릴 수 없다. 우리가 흔히 접해왔던 미국의 페일 에일과 완전히 다른 성격의 매력이 느껴진다. 어둡고 눅눅한 영국 뒷골목의 담벼락에 조그맣게 피어난 이름 모를 작은 풀과 꽃, 그리고 마치 홍차를 연상케 하는 어두운 향기가 쌉쌀하게 맥주의 마지막을 장식한다.

맥주를 한 잔 마시고 나면 와… 진짜 잘 마셨다… 라는 감탄이 나오는 최고의 맥주 풀러스 ESB. 뻔히 아는 맛이지만, 마실 때마다 심장이 두근거리고 손에 땀이 나는 맥주가 있다. 나에게는 풀러스 ESB가 그러하다. 그래서 매일 마시기보다는 특별하고 소중한 날에만 마시고 싶다. 긴말 필요 없다. 영원히 기억하고 싶은 날 이만큼 잘 어울리는 맥주는 없다.

산토리 프리미엄 몰트
Suntory Premium Malt's

"이 세상 모든 꽃의 원형(原型)"

필스너 Pilsner
일본 Japan

그 어떤 꽃보다, 그 어떤 향수보다
압도적으로 아름다운 꽃향기에 취한다.
평범한 하루도 향기롭게 만들어주는,
내 인생에서 가장 소중한 맥주.

죽기 전, 단 한 잔의 맥주만 마실 수 있다면 나는 한 치의 망설임도 없이 이 맥주를 꼽겠다. 실제로 내 결혼식 전날에도 마셨고(?!), 기쁜 일이나 슬픈 일이 있을 때마다 핑계 삼아 마시고 있다. 산토리 없는 나와 A양은 상상할 수 없을 만큼, 우리에게 정말 소중한 맥주이자 일상이다.

이 맥주를 왜 그렇게 좋아하냐고? 세상에 존재하는 모든 꽃의 가계도를 타고 올라가다 보면 언젠가 있었을 꽃의 원형原型을 만날 수 있을 거다. 그리고 그 원형은 세상 모든 꽃의 향기를 품고 있을 텐데, 그 아름다운 향기가 떠오르는 맥주가 바로 산토리 프리미엄 몰트이다. 꽃이 이 맥주를 닮았다 해도 과언이 아닐 정도로 원형적이고 진한 향기를 담고 있기 때문에, 우리는 이 맥주에 빠져있다.

맥주를 마시면 가장 먼저 맥아의 달달한 맛이 느껴진다. 맥주를 목구멍 뒤로 넘긴 후에도 단맛이 입 안에 끈적하게 남기 때문에 첫 모금부터 기분이 좋다. 이어서 느껴지는 우아한 꽃향기는 세상의 모든 꽃향기를 품고 있는 것처럼 화려하다. 그리고 살짝살짝 푸른 잎의 풀내음도 느껴지는데, 덕분에 진짜 꽃의 원형을 마주한 것 같은, 실제로 식물을 마시는 것 같은 착각을 하게 만들고, 마지막엔 살짝 쌉쌀한 맛으로 끝을 맺는다. 쌉쌀한 홉 향기도 어쩜 이렇게 아름다운지… 내 인생에 이렇게 아름다운 맥주는 또 없을 것 같다.

우리의 특별한 순간과 항상 함께해 온 산토리 프리미엄 몰트. 어쩌면 산토리의 아름다운 향기 덕분에 그 순간이 행복하고, 특별한 추억이 된 걸지도 모르겠다. 무엇이 먼저이든, 한 가지는 분명하다. 앞으로도 행복한 순간에는 쭉 산토리 맥주와 함께 할 것이고, 그 순간도 근사한 추억이 될 거라는 사실 말이다.

그만 좀 마시라는 잔소리를
회피할 수 있는 맥주

함께 맥주를 즐기는 사이라고 해도 너무 매일, 자주 마시면 아무래도 잔소리를 듣게 된다.

나는 상대방을 좋아하는 만큼 맥주도 좋아하는데… 둘 중 하나만 선택할 수 없어 괴로울 따름이다. 맥주를 마시자니 혼나고, 마시지 않자니 아쉽다. 방법이 없을까? 도저히 방법이 없는 걸까? 늘 그렇듯 우리는 답을 찾아낼 것이다. 맥주답지 않은 색다른 맛으로 상대를 유혹해 같이 마셔보자. 맥주 그만 마시라 하는 그쪽도 거절할 수 없는 새로운 맛으로 유혹해보자.

지금, 이 순간 당신에게 필요한 건 함께 마실 수 있는 가볍고 독특한 맥주 한 잔이다.

가펠 레몬
Gaffel Lemon

"깔끔한 레몬주스"

라들러 Radler
독일 Germany

술 냄새도 없고
레몬 음료 특유의 텁텁함도 없다.
거슬릴 만한 요소가 하나도 없는
기분 좋은 라들러.
잔소리를 피하기에 이보다 더 좋은 술은 없다.

라들러Radler는 간단히 말해 맥주에 음료수를 섞은 술이다. 독일어로 사이클리스트Cyclist라는 뜻의 라들러는 자전거를 타면서 마셔도 될 정도로 가벼운 술이라는 데서 유래했다고 한다. 술 마시고 자전거 타면 안 되는데… 아무튼 그렇다고 한다.

아마 편의점에서 구할 수 있는 라들러 중 이 가펠 레몬만큼 깔끔한 라들러는 없을 거다. 그리고 나에겐 언제 마셔도 즐겁고 경쾌한 맛으로, A양의 잔소리를 피할 수 있는 일종의 면책특권 역할을 하는 고마운 술이다.

라들러를 마시기 위해 캔을 따는 순간 레몬 냄새가 진동한다. 모르고 맡았다면 레모네이드라고 착각했을 정도로 향기롭고 짙은 레몬 냄새가 입맛을 돋운다. 그리고 한 모금 마시는 순간 정말 깔끔하고 잘 만든 라들러라는 생각이 든다. 레몬주스가 들어간 맥주임에도 너무 시다든가, 꿉꿉하다든가 또는 과일의 찌든 단맛 등의 부정적인 맛이 전혀 느껴지지 않고 경쾌하다. 그리고 흔히 '과일 섞은 술'에서 종종 느껴지는 불쾌한 알코올 냄새 역시 전혀 느껴지지 않는다. 그렇다고 맥주 맛이 안 나는 건 아니다. 이 술에 들어간 맥주가 가펠 퀼쉬인지는 모르겠지만, 가펠 퀼쉬 특유의 깔끔한 맛이 라들러에 그대로 녹아있다. 결론적으로 맥주 자체의 맛은 알코올이 과하지 않게 최소한만 들어가 이 술이 라들러라는 사실을 알려주는 정도이고, 경쾌하고 가벼운 레몬 향이 주인공이다.

또 맥주 마시냐는 잔소리를 듣고 있는 당신. 오히려 향기로운 레몬을 무기로 상대방을 유혹해 맥주를 같이 마실 기회를 만들어보면 어떨까?

타이거 라들러 레몬
Tiger Radler Lemon

"물을 적게 탄 레모네이드"

라들러 Radler
싱가포르 Singapore

물을 조금만 넣고 레모네이드를 만들었을 때
느껴지는 진한 맛이다.
어중간한 레모네이드 마실 바에는
이 라들러를 마시는 게 낫겠다.

앞서 소개한 가펠 레몬은 비교적 가벼운 라들러로, 레몬맛이 기분 좋게 느껴지지만, 과즙이나 과육의 느낌보다는 레몬 물의 느낌이다. 반면 타이거 라들러는 좀 더 짙고 강한 레몬 향이 무기이다.

타이거 라들러는 잔에 따르기만 해도 보통의 라들러가 아니라는 걸 바로 알 수 있다. 뿌옇고 진한 색깔을 보고 놀라는 것도 잠시, 바로 레몬 냄새가 콧속 깊이 들어온다. 맛도 냄새를 똑 닮았다. 걸쭉한 질감의 짙은 레몬 맛. 라들러인지 모르고 그냥 마셨다면 아마 잘 만든 레모네이드를 마신 줄 착각할 정도로 진한 맛이 놀랍다. 맥아의 고소함이 살짝 느껴지지만 집중하지 않으면 잘 모를 정도로 미미한 맛이다. 한 잔 다 마시고 나면 레몬 맛이 살짝 과한 것 같은 느낌도 있다. 그래도 어지간한 레모네이드를 마시는 것보다 훨씬 짙고 깊은 레몬의 맛을 느낄 수 있어서 오히려 좋다.

가펠 레몬과 타이거 라들러 중 하나만 선택하라면 상황에 따라 달라지겠다. 좀 더 가볍고 밝은 느낌으로 훌훌 즐기고 싶다면 가펠 레몬을, 진짜 레모네이드보다 더 진짜 같은 맛을 즐기고 싶다면 타이거 라들러를. 두 라들러 모두 비슷하면서도 완전히 다른 특징을 갖는 훌륭한 라들러다. 만약 가펠 레몬으로 상대를 유혹하지 못했다면 이번에는 좀 더 진한 맛의 타이거 라들러로 시도해보면 어떨까. 이번에는 분명 성공할 수 있을 거다. 파이팅!

시스크 칠 베리
Cisk Chill Berry

"엄마가 만들어 주신 건강 주스에 술 섞은 맛"

라들러 Radler
몰타 Malta

오묘하면서도 중독성 있는 맛이다.
어릴 적 자주 씹던 풍선껌 맛도 나고
달콤하게 삶은 당근 맛도 난다.
어쩐지 건강해지는 것 같은 맛에
중독되는 라들러.

편의점이나 마트에서 구입할 수 있는 라들러는 레몬 맛이 대부분이라 다소 진부하다. 그런 라들러 씬에 긴장감을 주는 존재가 있었으니… 바로 시스크 칠 베리다. 캔에는 산딸기 같은 열매들이 그려져 있고, 그냥 베리Berry라는 이름의 라들러여서 도대체 무슨 맛이 날지 감을 잡을 수 없다. 아무것도 예상할 수 없는 상태에서 마시는 술, 이것도 술 마시는 재미 중 하나다.

잔에 따른 시스크 칠 베리는 마치 스파클링 와인을 보는 것처럼 빨갛다. 맛은 어릴 적 씹던 '덴버'라는 공룡이 그려진 풍선껌, 그 추억의 맛을 닮은 달콤함이 먼저 느껴진다. 그리고 라들러를 머금고 입 안에서 살살 굴리면 야채 주스에서 맛볼 수 있는 당근 맛이 난다. 라들러에 당근 농축액이 들어갔기 때문인데 맥주에 당근이 들어갔다고 생각하니 어쩐지 좀 이상하긴 하다.

계속 마시다 보면 엄마 생각이 절로 난다. 고등학생 때, 잘 먹어야 공부 잘한다고 몸에 좋은 음식은 물론, 알 수 없는 과일과 야채를 섞은 주스도 종종 만들어주셨다. 처음에는 너무 쓰고 이상한 맛이 나서 싫어했는데, 어느새 일상이 되었던 추억의 이름 모를 주스. 다음에 본가 가면 오랜만에 만들어달라 해야지… 과일 맛과 야채 맛이 뒤섞인 묘한 맛의 시스크 칠 베리. 특이하고 색다른 맛으로 은근슬쩍 같이 한잔하자고 꼬드기기에 좋은 술이다.

데스페라도스
Desperados

"마가리타 한 잔의 즐거움"

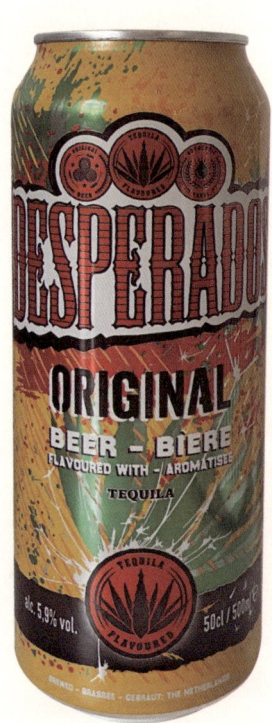

페일 라거 Pale Lager
네덜란드 Netherlands

마가리타를 너무 닮아서
멕시코 요리가 생각날 정도다.
색다른 맥주가 생각날 때
좋은 선택지가 되어줄 독특한 맥주.

나와 A양은 멕시코 음식을 무척 좋아한다. 타코, 부리토 모두 좋아하지만 가장 좋아하는 건 역시 화이타. 기호에 맞게 여러 재료를 토르티야에 넣고 한 입 크게 베어 물면 그렇게 행복할 수가 없다. 화이타를 먹을 때 빠뜨릴 수 없는 게 바로 '마가리타'라는 칵테일이다. 맥주보다 접근성이 떨어지고 맛있는 음식을 먹을 때 곁들이는 술이기 때문에 맨날 마시는 맥주에 비해 잔소리를 피하기 좋은 술이기도 하다. 그런데 이 마가리타 맛이 나는 재밌는 맥주를 편의점에서 간편하게 구할 수 있다. 이름하여 데스페라도스.

이 맥주를 마시면 두 가지 사실에 놀란다. 누가 마셔도 마가리타 맛이 나는데도 불구하고 맥주라는 점, 그리고 멕시코가 아닌 네덜란드 맥주라는 점이다. 이 놀라운 맥주에는 데킬라 향과 라임 향이 첨가되어 있어 마치 마가리타를 마시는 것 같은 착각이 든다. 본래 마가리타는 데킬라와 쿠앵트로, 그리고 라임 주스를 섞어 만들기 때문에 마가리타 맛이라고 느끼는 게 당연하다.

한편 맥주다운 맛은 전혀 느껴지지 않는다. 맥아의 고소한 맛이나 홉의 향기 등 맥주에서 기대되는 맛은 없다. 그래서인지 이게 정말 맥주가 맞나… 하는 의문은 맥주를 마시는 내내 머릿속을 떠나지 않는다. 대신 일반적인 마가리타보다 좀 더 끈적하게 짝짝 달라붙는 맛이 있어 나름의 재미가 있다.

오리지널 마가리타에 비하면 훨씬 가볍고 맛이 좀 약하다는 느낌이 있지만 마가리타 대용으로 즐겨도 괜찮을 만큼 훌륭한 데스페라도스. 그리고 무엇보다 맥주 좀 그만 마시라는 잔소리를 들을 때 기분 내는 척 스리슬쩍 마시기에 최고로 좋은 술이다.

맥주를 보관하는 적절한 방법과 기간

맛있는 맥주를 잘 고르는 것도 중요하지만 이미 사 온 맥주를 잘 관리하는 것 역시 중요하다. 그래서 맥주를 어떻게 관리하냐고?

1 무조건 빛을 피해라

유리병과 페트병에 담긴 맥주에 해당하는 내용이다. 맥주가 장기간 빛에 노출되면 스컹크 방귀 냄새 같은 이상한 냄새가 난다. 햇빛, LED 빛, 형광등 빛 모두 해당하므로 (비교적 LED와 형광등 빛은 양호하다) 빛으로부터 안전한 냉장고에, 여의찮다면 빛을 피할 수 있는 서늘한 장소에 보관하자. 이러나저러나 캔맥주를 마시는 게 가장 안전하다.

2 무조건 냉장보관 해라

맥주가 오랜 시간 고온에 노출되면 산화되어 오래된 꿀이나 젖은 골판지 맛이 난다. 반면 너무 차가운 환경에 노출될 경우, 경험상 맥주의 맛과 향이 확 죽어버리고 캔맥주에서는 쇠 맛(?)이 나기도 한다. 따라서 4~6도의 온도로 유지되는 냉장고에 보관하는 것이 가장 좋다. 포터, 스타우트, 복 맥주처럼 적당히 온도가 올라야 더 맛있는 맥주는 냉장고에서 꺼내어 10~20분 뒤에 마시면 딱 맞다.

3 무조건 빨리 소비해라

보통 맥주의 품질 유지 기한을 1년으로 이야기하지만, 이건 정상적인 맛을 느낄 수 있는 최종 시한이다. 일반적인 맥주는 빛을 피하고 냉장 보관했을 경우를 기준으로 제조일로부터 6개월 이내, 홉이 강조된 스타일은 3개월 이내에 마셔야 최상의 맛을 느낄 수 있다. 따라서 맥주 스타일에 따라 가급적 3개월 혹은 최대 6개월 내 마시는 게 좋다.

날씨와 계절을
즐길 줄 아는
당신을 위한
맥주

따스한 봄, 햇빛 아래 테라스에서 즐기기 좋은 맥주

지긋지긋한 추위도 안녕이다.

점점 날씨가 따뜻해지는 주말 낮, 어쩐지 테라스에 나가 근사하게 한잔하고 싶다. 그동안 잔뜩 움츠리고 방 안에서만 마셨으니 이젠 햇빛 아래서 멋들어지게 마시고 싶다. 아직 만개하지 않은 봄날 같은 맥주를 마시며 기분 좋은 음악으로 일주일을 마무리하고 싶은 오늘.

지금, 이 순간 당신에게 필요한 건 봄이 왔음을 온몸으로 느낄 수 있는 맥주 한 잔이다.

구스 아일랜드
덕덕구스 세션 IPA

Goose Island
Duck Duck Goose Session IPA

"아직 여물지 않은 IPA의 어린 맛"

세션 IPA Session IPA
미국 USA

설익은 IPA라는 표현이 어울린다. 겨울의 추위와 여름의 더위 사이에서 어린 봄을 느낄 수 있는 세션 IPA.

봄이 오면 이 맥주가 가장 먼저 생각난다. 그다지 강하지 않은 햇살과 조금씩 더워지는 날씨 덕분에 슬슬 시원하고 청량한 맥주가 생각나지만, 너무 청량하면 벌써 여름이 온 것 같을까 봐 이 맥주를 가장 먼저 찾게 된다. 세션 IPA Session IPA는 점점 마니악해지고 강렬해지는 IPA 씬에 대항하며 생겨난, 음용성에 초점을 둔 가벼운 스타일의 IPA다. 물론 IPA가 가져야 할 홉의 특징은 유지하고 강한 맛과 알코올 도수만 살짝 낮춘 것이기 때문에 빈약하다거나 밍밍한 맥주는 절대 아니다.

이 맥주에서 맥아의 역할은 아주 적어 거의 느껴지지 않을 정도이다. '이게 맥주가 맞나? 맥아 안 들어간 거 아니야?'라는 생각이 들 정도로 맥아의 존재감이 적다. 홉은 마치 풍선을 타고 살며시 내려오듯 파인애플, 감귤류의 향기를 머금고 조심스럽게 기관지에 안착한다. 전혀 부담 없는 가벼운 향이지만 존재감은 확실한, 만만하게 볼 수는 없는 맛이다. 그러고는 곧 다시 풍선을 타고 금방 날아가 버린다. 순간 훅~ 왔다가 다시 훅~ 사라지는 휘발성 강한 느낌이라고 할까? 홉의 쓴맛도 아주 약하며, 마지막에 살짝 출석 체크만 하고 도망가듯 사라진다.

전반적으로 아직 여물지 않은, 설익은 IPA라는 표현이 어울리는 맛이다. 이 풋풋하고 여린 맛은 어쩐지 봄의 햇살, 봄의 새싹을 닮았다. 햇살 포근한 주말 봄날, 테라스에서 시원하게 한 잔 마신다면 여의도 벚꽃놀이 같은 건 안 가도 충분하다. 화사한 봄의 향기가 이미 당신 입 안에 있으니까…

하디우드 필스
Hardywood Pils

"새벽 봄 냄새를 만끽하는
보초병의 마음으로"

필스너 Pilsner
미국 USA

천천히 느껴지는
짙은 풀 내음과 끈적한 꿀맛.
눈을 감으면 봄 냄새를 머금은
산이 펼쳐진다.
단점을 찾을 수 없는 향기로운 필스너.

아파트에서 잠들고 일어나 높은 빌딩으로 출퇴근하다 보면 계절의 변화에 무뎌지곤 한다. 기억을 더듬어보면 군대에 있었던 2년의 세월이 자연을 있는 그대로 느낄 수 있었던 거의 유일한 시절이었다. 산에 위치한 부대 특성상 겨울에서 봄으로 넘어가며 달라지는 나무 냄새, 점점 늘어나는 이름 모를 곤충들, 조금씩 촉촉한 내음을 뿜어내는 땅까지 오감을 통해 봄을 그대로 느꼈다. 지금은 느낄 수 없는 아련한 그 시절의 경험. 하지만 자연을 그대로 닮은 맥주를 통해 간접적으로나마 봄 향기를 다시 느낄 수 있다.

봄의 녹음綠陰을 닮은 하디우드 필스. 독일식 필스너를 미국식으로 재해석한 작품이다. 맥주를 마시고 가장 먼저, 그리고 거대하게 느껴지는 건 독일 할러타우 홉 특유의 풀 내음이다. 그냥 풀냄새가 아니라 풀을 잡아 뜯거나 호미 같은 도구로 베었을 때 식물의 진액과 함께 풍기는 풀 내음을 닮았다. 이 풀 내음은 군대에 있었던 시절 봄이 왔다고 느낄 때 맡았던 풀냄새와 유사하다. 봄날 새벽에서 아침으로 넘어가는 시간, 산 중턱에서 경계근무를 서다 보면 새싹이 돋아나는 듯한 짙은 생명력의 풀 내음이 솔솔 풍겨와 기분이 좋았는데, 이 추억의 향기와 몹시 흡사하다. 맥아의 역할도 무시할 수 없다. '맥'주라는 이름에 걸맞게 달콤한 곡물 향이 길게 이어지는데, 마치 숲속에서 벌꿀을 발견한 것처럼 풀 내음과 잘 어울리는 기분 좋은 달콤함이다.

혹시 콘크리트 정글에서 봄 향기를 그리워하는 사람이 있다면 이 맥주를 살며시 권하고 싶다. 단 한 잔만으로도 아련한 그리움을 충분히 달래줄 수 있으니까.

무더운 여름,
맛과 청량감을 모두 잡는 맥주

땀으로 샤워하면서 일어나 지하철과 버스에서 다시 한번 땀으로 샤워한다.

점심을 먹으며 또 한 번 땀 샤워, 퇴근길 지하철에서 다시 한번 더 땀 샤워. 여름은 좋아하려 해도 도저히 정이 안 가는 지긋지긋한 계절이다. 시원하게 씻고 잠시 소파에서 쉬는 와중에도 에어컨이 없으면 도저히 견딜 수 없는, 더위와 습도의 끔찍한 콜라보레이션. 역시 시원한 맥주만이 이 더위와 짜증을 날려줄 수 있을 것 같다. 그렇지만 맛없는 맥주로 칼로리를 섭취하기엔 아쉽다. 맛과 청량함을 모두 잡는 맥주를 마셔야 한다.

지금, 이 순간 당신에게 필요한 건 시원하고 짙은 맛의 화끈한 맥주 한 잔이다.

타이거 라거 비어
Tiger Lager Beer

"호랑이 기운만큼 화끈한 맛"

페일 라거 Pale Lager
싱가포르 Singapore

더울 때 복잡한 맛은 사절이다.
단맛과 시원한 탄산이면 충분하다.
직선적이고 화끈한 맛으로
여름 무더위를 날려버릴 호랑이 맥주.

20년 지기 B군 덕분에 마셔본 맥주다. 언젠가 싱가포르에 다녀왔던 그는 해변에서 모래를 밟으며 마셨던 타이거 맥주가 인생 맥주라고 말했다. 여행지에서 마시는 맥주는 진짜 어지간해서는 다 맛있기 때문에 그냥 그런가 보다 했지만, 막상 마셔보니 나 역시 압도적인 시원함에 놀랐다. 이 맥주야말로 더위를 한 방에 날려버릴 수 있는 구원의 맥주였던 것이었다.

맥주를 마시자마자 가장 먼저 느껴지는 건 맛이 아닌 아주 강력한 탄산이다. 시원하게 칠링된 맥주, 그리고 입 안에서 파티를 열고 있는 탄산. 도저히 가만히 마실 수 없는 짜릿한 맥주다. 일부러 트림 나오게 만들려고 이렇게나 탄산을 넣었나 싶은 생각이 들 정도로 시원하고 청량한, 한 방이 있는 맥주다.

단맛은 살짝 느껴지지만, 맥아의 단맛은 아니다. 흔히 맥아 함량이 낮은 맥주를 발포주發泡酒라고 하는데 맥아와 함께 "당"을 인위적으로 넣어 알코올과 단맛을 만들어내기도 한다. 타이거 맥주는 이런 발포주의 맛을 닮았다. 곡물의 단맛이 나지만 맥아로 인한 게 아닌, 인위적인 당 첨가에 따른 단순한 단맛. 이 달달한 맛과 강력한 탄산의 궁합은 최고다. 술을 마신다는 기분이 제대로 드는 한편, 탄산이 강해 술이 아닌 탄산음료를 마시는 것 같기도 하다. 마시고 나면 자동으로 캬~ 소리가 나온다.

단 한 잔으로 무더위를 시원하게 날려줄 타이거 라거 비어. 다른 계절에는 모르겠지만 여름에는 종종 마셔줘야 할 맥주다. 나도 언젠간 싱가포르 밤바다에서 멋진 연주를 들으며 시원하게 타이거 맥주를 마시고 싶다. 친구 B군보다 더 맛있게 마실 자신 있다.

제주 위트 에일
Jeju Wit Ale

"제주도 출신 맥잘알 우리 엄마도
맛있게 마시는 제주도 맥주"

윗비어 Witbier
대한민국 South Korea

호가든의 셀리스 아저씨도 놀랄 맛.
윗비어를 제주도 스타일로
완벽하게 재해석했다.
가볍고 달콤하며
상큼하기까지 한 맛으로
제주도 푸른 바다를 선사하는
고마운 맥주.

우리 엄마는 중학생 때 제주도에서 서울로 이사 오셨다. 외할머니, 외삼촌들과 만나실 때면 여전히 알아들을 수 없는 제주도 사투리를 쓰시고 TV에 제주도가 나오면 꽤 관심 있게 시청하신다. 그래서 제주 위트 에일이 처음 출시됐을 당시 제주도에 대한 애정이 남다른 엄마를 위해 한 캔 사간 적이 있다. 당시 엄마는 제주도에서 이런 것도 만드냐며, 귤 맛이 난다고 신기해하셨고, 나 역시 깜짝 놀랐다. 진짜 제주도에서 이런 것도 만드네?

제주 위트 에일은 완벽한 한국식, 아니 제주도식 윗비어다. 호가든 맥주를 만든 셀리스 아저씨도 이 맥주를 마셔보면 감탄할 정도로 잘 만들었다. 맥주에서 느껴지는 가장 큰 특징은 오직 제주도에서만 맛볼 수 있는 감귤 맛이다. 감귤껍질이 들어갔기 때문인데, 일반적인 윗비어에는 오렌지껍질만 들어가는 데 반해 여기엔 귤껍질도 들어가 훨씬 달달하고 덜 시큼하다. 장비가 없어서 테스트는 못 했지만 아마 보통의 윗비어보다 몇 브릭스 더 높을 것 같다. 한편, 감귤 맛 뒤에 윗비어 특유의 소다 향이 느껴지는데, 여느 윗비어에 절대 밀리지 않는 탄탄한 맛이다. 종합하면 일반 윗비어 대비 훨씬 달콤한 감귤 맛과 준수한 소다 향을 내뿜는 독창적이고, 훌륭한 윗비어다.

대게 칭따오, 카스, 아사히같이 가벼운 부가물 라거가 여름에 잘 어울린다고들 이야기한다. 물론 그 말에도 동의하지만, 제주 위트 에일처럼 달콤한 윗비어 역시 그에 못지않게 여름과 아주 잘 어울린다. 시원하게 칠링한 다음 에어컨 바람을 맞으며 벌컥벌컥 마셨을 때 느껴지는 달콤함과 청량함, 그리고 왠지 생각나는 제주도 푸른 바다의 아름다운 풍경까지! 언젠가 엄마와 함께 여름 제주도 여행 떠나서 바닷바람을 맞으며 함께 마셔보고 싶은 맥주다.

클라우드 오리지널
Kloud Original

"습기 가득한 수목원에서 채취한 벌꿀"

페일 라거 Pale Lager
대한민국 South korea

맥아는 벌꿀의 달콤함을,
홉은 물기를 잔뜩 머금은 풀을 닮았다.
제대로 마셔보면 당신은 아마
이렇게 말하게 될 것이다.
클라우드가 이 정도였어?

짜증 나는 일 때문에 말없이 키보드만 두드리던 그때, 회사 메신저 알람이 울린다. '오늘 표정이 왜 그래?' 퇴근하고 간단히 한잔하고 가자는 연락이었다. 애써 못 이기는 척 한잔하기로 하고 우리의 아지트, 회사 앞 오래된 치킨집으로 간다. 오래된 치킨집의 내공이 담긴 갓 튀긴 프라이드치킨과 클라우드 맥주는 정말이지 천국의 맛이다. 이곳의 클라우드는 아주 차갑기 때문에 시원하고 깊은 맛으로 모든 스트레스와 짜증, 더위를 잊게 해준다.

클라우드의 맥아는 정말 달다. 마치 꿀로 사탕을 만든 다음 온종일 입 안에서 굴리는 것 같고, 사탕 겉면을 아주 공들여 연마한 것 같이 질감도 아주 매끄럽고 곱다. 분명 맥주는 액체지만 어쩐지 혀를 굴리고 싶어지는 매끄럽고 달콤한 맛이 환상적이다. 홉의 존재감도 어지간한 독일 맥주 이상인데, 마른 풀보다는 물기를 잔뜩 머금고 있는 축축한 풀의 향기를 닮아있다. 그래서 이 아름다운 맥주를 마시고 있노라면 마치 습기 가득한 수목원 구석에서 몰래 벌꿀을 채취해 먹는 것 같은 착각이 든다.

맥주는 너무 차갑게 마시면 맛을 제대로 느끼기 어려운 술이다. 그래서 맛이 빈약한 맥주는 청량함과 목 넘김을 앞세워 차갑게 마시도록 홍보하기도 한다. 반면 클라우드는 맛이 워낙 진하기 때문에 차갑게 마셨을 때 오히려 청량함과 깊은 맛을 동시에 즐길 수 있다. 그래서 회사 앞 치킨집의 과하게(?) 차가운 클라우드는 내 가슴을 시원하게 뻥 뚫어주면서 달콤한 맛으로 즐거움까지 선사한다. 무더운 여름 스트레스로 고통받고 있는 당신, 시원한 클라우드 한잔으로 더위와 스트레스를 한 방에 날려보자!

구스아일랜드
312 어반 위트 에일
Goose Island
312 Urban Wheat Ale

"선풍기 틀고 낮잠 자는 아기"

아메리칸 페일 위트 에일 Amerian Pale Wheat Ale
미국 USA

부드러운 질감은
바람에 흩날리는 아기의 머리카락을,
달콤한 맛은
아기의 작은 입에서 삐져나오는
가녀린 날숨을 닮았다.

우선 이 맥주는 아메리칸 페일 위트 에일American Pale Wheat Ale인데, 쉽게 설명해 독일의 헤페바이젠과 미국의 페일 에일을 아기자기하게 섞은 맥주라고 할 수 있다. 헤페바이젠에서 효모 특유의 바나나 향은 절제하고, 밀 맥아의 풍성한 질감과 탁한 외관은 유지한다. 그리고 바나나 향이 부재한 자리는 미국 페일 에일 특유의 화사한 시트러스가 채운다. 이것이 아메리칸 페일 위트 에일의 전부이며 312어반 위트 에일은 아메리칸 페일 위트 에일을 대표하는 맥주다.

312 어반 위트 에일은 부드러운 질감이 가장 인상 깊다. 헤페바이젠보다는 덜 부드럽고 덜 풍성하지만, 살며시 일렁이는 귀여운 질감은 나름대로 몽글몽글 부드럽다. 마치 아기의 얇은 머리카락이 선풍기 바람에 살며시 흔들리는 것 같다. 곧이어 미국산 홉 특유의 레몬, 레몬그라스, 오렌지 맛이 느껴지는데 역시나 쨍! 하고 등장하거나, 폭발적이지 않고 아기가 잠잘 때 날숨을 호~ 호~ 하고 뱉는 것처럼 방울방울 미세하게 삐져나온다. 맥주에서 느껴지는 모든 맛이 자극적이지 않고 마시는 사람에게 고요한 평화를 선사한다.

이 평화로운 맥주를 마시고 있으면, 조금 덥더라도 어쩐지 편안한 기분이 든다. 에어컨을 켜지 않고 선풍기 바람만 솔솔 쐬면서 밤까지 버틸 수 있을 것 같다. 어쩌면 불타는 듯한 더위는 우리의 마음이 불타는 중이어서 그런 건지도 모르겠다. 부드럽고 온화한 맥주 한 잔 마시면서 잠깐 쉬어간다면 더위도, 스트레스도 잠시 잊을 수 있을지 모른다.

장마철 어두운 방에서 영화 보며 혼자 마시기 좋은 맥주

오늘은 일찌감치 아무 데도 안 나가기로 작정했다.

이번 장마가 역대급으로 무섭다고 하니, 모든 약속을 취소하고 혼자 방에 숨어 있어야겠다. 혼자 방에서 뭐 할 거냐고? 이거 왜 이래? 난 혼자서 더 잘 노는 사람이다. 어두운 방에서 이불 뒤집어쓰고 무드등으로 감성 살짝 끌어 올린 다음, 그동안 보지 못했던 영화들 실컷 볼 작정이다. 아, 역시 이런 소중한 시간에 맥주가 빠질 수 없지.

지금, 이 순간 당신에게 필요한 건 어두운 방, 그리고 영화와 어울리는 맥주 한 잔이다.

파슨스 블루 레이블
Farsons Blue Label

"부드러운 영국 차 한 잔
드셔보시겠습니까?"

앰버 에일 Amber Ale
몰타 Malta

구수하고 은은하게 깔리는 맥아의 맛과
입안을 감싸는 부드러운 질소의 질감.
부드러운 밀크티가 생각나는
차분한 맥주.

질소가 들어간 맥주라고 하면 흔히 기네스 드래프트를 떠올리지만, 이젠 그에 못지않게 매력적인 질소 맥주 파슨스 블루 레이블도 기억해야겠다. 이 맥주는 앰버 에일 Amber Ale, 로스팅된 맥아에서 나오는 달콤한 맛이 포인트고, 홉의 쓴맛은 비교적 약한 스타일이다. 페일 에일보다 조금 더 달고, 덜 쓰다고 보면 되겠다.

우선, 질소가 들어있는 맥주는 눈으로 먼저 마셔야 한다. 파슨스를 잔에 따르면 마치 부드러운 카페모카 혹은 밀크티가 만들어지는 과정을 보는 것 같다. 하단은 짙은 갈색의 맥주가, 상단은 뽀얗고 부드러운 거품이 형성되고 잔의 가운데에는 맥주와 거품이 만나 아름다운 장관을 연출한다. 이 경이로운 외관 덕에 마시기 전부터 이미 합격점을 받고 시작한다.

맥주 맛은 요즘 유행하는 화려한 맛은 아니지만 나처럼 약간 올드한(?) 맥주 애호가들이 좋아할 맛이다. 구수하고 은은한 맥아 맛이 올라오면, 바로 달달한 캐러멜이 따라온다. 이후에는 허브와 꽃향기가 풍겨오는데, 잔잔하고 평화로운 맛 덕에 마음이 편안해진다. 여기서 등장하는 화룡점정. 질소가 만들어주는 부드러운 질감은 이 모든 맛을 한층 더 차분하고 고급스럽게 만든다. 홍차에 우유를 한 스푼 넣으면 완전히 다른 질감의 밀크티가 되는 것처럼, 질소도 이 맥주를 완전히 다른 질감의, 훨씬 고급스러운 맥주로 변신시킨다.

모처럼 혼자 방에 콕 박혀 하루를 보내게 된 오늘. 파슨스 블루 레이블은 책이든, 영화든, 아니면 간만에 써보는 일기든, 당신이 하는 모든 것에 어울리는 멋진 맥주가 되어줄 것이다.

아잉거 셀러브레이터 도펠복
Ayinger Celebrator Doppelbock

"미농, 신농, 망나농처럼
 점점 묵직해지는 달콤함"

도펠복 Doppelbock
독일 Germany

은은한 단맛은 점차 무겁게,
그리고 끈적이게 입 안에 달라붙는다.
긴 시간 천천히 음미해야
진가가 나타나는 도펠복의 표준.

살면서 다양한 장르의 영화를 두루 봤다고 말할 순 없지만 그럼에도 좋아하는 영화 취향은 분명하다. 처음부터 감정이 모두 드러나지 않는, 도입부는 잔잔하지만 시간의 흐름에 따라 감정이 풍부해지는 영화. 아잉거 셀러브레이터 도펠복은 이런 나의 영화 취향을 닮았다.

이 맥주는 도펠복Doppelbock 스타일로, 아주 강한 둥켈이라고 할 수 있다. 독일어로 어둡다는 뜻의 둥켈Dunkel은 초콜릿과 캐러멜을 닮은 맛, 그리고 어두운 색깔이 특징인 맥주다. 둥켈보다 도수와 맛이 강해진 둥켈을 복Bock 맥주라 하고, 복 맥주보다 더 강한 걸 더블복Double Bock, 독일어로 도펠복이라고 한다. 즉 도펠복은 엄청 강한 둥켈이라고 할 수 있다. 도펠복, 발음만 이상하지 어려운 맥주는 아니다.

아무튼 도펠복의 전형이라고 볼 수 있는 이 맥주의 첫맛은 불에 살짝 구운 비싼 캐러멜 같다. 일반 밀크 캐러멜이 아니라 왠지 면세점에서만 구입할 수 있을 것 같은 짙고 끈적하며 매끄러운 표면의 고급 캐러멜 말이다. 그리고 시간이 지나 온도가 올라갈수록 점점 깊은 맛을 보여준다. 초반에는 그저 캐러멜의 단맛이었지만 이후에는 달콤함이 점점 짙어져 초콜릿 맛이 났다가, 마지막에는 불에 녹인 흑설탕 맛이 난다. 덩달아 질감까지 끈적해지고 입 안에 쩍 달라붙기까지 한다. 점점 고조되는 맛 덕분에, 맥주를 한 모금 마시고 잔을 내려놓는 순간 저절로 다음 한 모금을 기대하게 된다. 이게 행복이지⋯

은은한 단맛으로 시작해 점점 묵직하고 끈적이는 단맛을 보여주는 도펠복의 표준, 아잉거 셀러브레이터 도펠복. 나처럼 감정이 점점 깊어지는 영화를 좋아한다면 한 번쯤 이 맥주를 마시며 영화를 보는 것도 나쁘지 않겠다. 혹시 아나? 인생 최고의 영맥영화+맥주이 될지?

머피스 아이리쉬 스타우트
Murphy's Irish Stout

"탄 냄새를 마시는 것 같은,
다소 공감각적인 맥주"

스타우트 Stout
아일랜드 Ireland

커피 맛도, 초콜릿 맛도
느껴지지 않는다.
오로지 은은한 맥아 태운 향만을
음미하는 맥주.

질소가 들어간 스타우트라고 하면 아마 100명 중 99명은 기네스 드래프트를 떠올리겠지만, 이에 못지않게 잘 만든 맥주가 바로 머피스 아이리쉬 스타우트다. 대중적인 인기에 있어서는 기네스가 승자지만, 머피스도 머피스만의 확실한 매력이 있다.

머피스의 가장 큰 장점은 '향'으로 마시는 맥주라는 점이다. 맥주는 맛으로 마셔야지 이게 무슨 말이냐고? 말도 안 되는 소리 같지만 잘 들어보시라. 잔에 담긴 머피스의 냄새를 맡아보면, 마치 핸드 드립 커피 전문점에서 맡을 법한 커피 볶는 냄새, 태운 냄새가 느껴진다. 그리고 이 향기에 이끌려 맥주를 마셔보면, 놀랍게도 별다른 맛은 느껴지지 않는다. 스타우트에서 으레 기대되는 캐러멜, 초콜릿, 커피 맛은 느껴지지 않고 오로지 커피 볶는 향, 맥아 태운 향만 느껴진다. 액체를 마시고 있다는 사실은 느껴지지만, 신기하게도 특별한 맛은 느껴지지 않는다. 맥주를 목구멍 뒤로 넘긴 뒤 숨을 크게 내쉬면 그제야 은은한 향이 느껴질 뿐이다.

이 점이 머피스의 매력이다. 맥주를 마실 때 가장 큰 걸림돌은 아무래도 탄수화물, 당, 홉, 효모 찌꺼기가 가득한 액체를 마심으로써 입안에 남는 불쾌한 텁텁함, 끈적거림이다. 하지만 머피스는 그런 것 하나 없이 맥아 태운 향만 은은하게 뽐내기 때문에 깔끔하게 향을 즐기기에 아주 좋다. 어두운 방 안에 콕 박혀 보고 싶던 영화를 보기로 한 오늘. 머피스 아이리쉬 스타우트는 걸리적거리는 요소 하나 없이, 당신이 오롯이 영화에만 몰입할 수 있도록 도와줄 것이다.

말표 흑맥주
Malpyo Dark Beer

"달콤한 밤 만주에 커피 한 잔"

포터 Porter
대한민국 South Korea

진짜로 밤 맛이 난다.
밤 만주와 아메리카노가 생각나는
최고의 콜라보레이션 맥주.

최근 몇 년 동안 콜라보 맥주가 많이 출시됐다. 지역 이름을 갖다 붙인 맥주는 말할 필요도 없고 공산품, 스포츠 구단, 통조림, 사이다 등등 반짝 이슈를 노린 맥주도 많았다. 물론 찰떡같이 잘 어울리는 조합에 맛까지 훌륭한 맥주도 종종 있었지만 대부분 허무하게 홍보 소재로만 소비되고 마는 것 같아 어쩐지 안타깝기도 했다. 그런 와중에 완벽한 컨셉의 콜라보레이션 맥주를 만났다. 말표 구두약의 까만 이미지, 포터의 검은색, 그리고 가을밤을 떠오르게 하는 달콤한 밤 맛까지 완벽하게 어울리는 말표 흑맥주. 진짜 콜라보 맥주라면 이래야 한다. 이름, 색, 맛이 모두 찰떡같이 잘 어울린다.

이 맥주에는 '밤 향'이 들어갔다. 그래서 정말 달콤한, 어릴 적 즐겨 먹던 추억의 밤 맛이 난다. 포터 특유의 커피 맛도 느껴지는데, 밤 맛과 섞여 마치 '밤 만쥬와 아메리카노'를 즐기는 기분이 든다. 달콤한 밤에 쌉쌀한 커피 한 잔, 생각만으로도 완벽한 맥주 아닌가? 우리는 밤이 어떤 맛인지, 커피가 무슨 맛인지 이미 너무 잘 알고 있다. 그런데 왜 밤과 포터를 섞을 생각을 하지 못했을까? 이 기상천외하고 완벽한 조합에 박수를 보내고 싶다.

밤 맛이 나서 그런지 한 모금, 한 모금 마실 때마다 어쩐지 옛날이 그리워진다. 가을이 오면 엄마는 늘 내가 좋아하는 밤을 삶아주셨는데, 내가 출가(?)한 이후로는 밤은커녕 도토리도 본 적이 없다. 어쩐지 그리움에 젖는 맛, 이거 큰일이다. 맥주 마시면서 감성에 젖으면 4캔은 그냥 마시게 되는데… 아주 큰 일 날 맥주다. 어린 시절이 생각나는 훈훈한 영화나, 부모님과 함께 봤던 영화를 다시 보고 싶은 날. 말표 흑맥주는 그리운 맛으로 영화를 한 층 깊이 감상할 수 있도록 도와줄 최고의 한 잔이 되어줄 것이다.

더위와 시원함의 경계, 즐거운 맥주 축제 시즌에 어울리는 맥주

진짜 맥주의 계절이다.

어떤 핑계를 만들어서라도 맥주를 마시는 우리. 이제 핑계를 대지 않아도 맥주를 실컷 마실 수 있는 최고의 계절이 돌아왔다. 전 세계 모든 맥주 축제가 열리는 8월 중순에서 10월까지는 온 세상 맥주 애호가들이 원 없이 맥주를 즐기는 시즌이다. 매일매일 맥주를 즐겨도 이상하지 않다. 그것이 전 세계의 국룰, 아니 세계 룰이다.

뭐라고? 맥주 축제에 못 갔다고? 축제에 못 가서 매일 마시기엔 눈치 보인다고? 나약한 소리 말자. 축제에 못 갔다고 맥주까지 안 마시면 그건 사람 된 도리가 아니다. 못 간 만큼 마셔서 응원해줘야 한다. 그게 사람 사는 세상 아니겠는가?!

지금, 이 순간 당신에게 필요한 건 맥주 축제에 어울리는 신나는 맥주 한 잔이다.

파운더스 옥토버페스트
Founders Oktoberfest

"물 적게 탄 복숭아 아이스티"

메르첸 März en
미국 USA

마시는 순간
어우~ 하는 소리가 날 정도로 달다.
마지막 한 모금에 가서는
잇몸이 저릴 정도로
달콤하고 경쾌한 맥주.

독일의 옥토버페스트 Oktoberfest 축제는 모든 맥주 애호가의 로망이다. 하지만 직장인 신분으로 10월에 유럽으로 떠나는 건 사실상 불가능에 가까운 행위다. 흑흑… 그래도 다행히 이 아쉬움을 달랠 방법이 있었으니, 바로 옥토버페스트에서 마시는 맥주, 메르첸 Märzen 맥주를 마시는 것이다.

지금과 같은 냉장 기술이 없었던 1800년대 독일에서는 여름에 맥주를 만들었다간 더위 때문에 부패하기 일쑤였다. 그래서 덥지 않은 3월에 미리 맥주를 양조해놓고 여름 내내 서늘한 곳에서 맥주를 보관한 다음 여름이 끝나는 9월, 10월에 꺼내어 시원하게 마셨다(꿀맛). 그리고 독일 사람들은 3월에 양조한 이 맥주를 3월을 뜻하는 독일어 '메르첸 Märzen'이라고 불렀다. 그리고 옥토버페스트가 열리는 9~10월, 계절적으로 타이밍이 딱 맞는 메르첸이 축제에 제공되면서 곧 옥토버페스트를 대표하는 맥주로 굳어지게 됐다.

메르첸에서 느껴지는 가장 대표적인 맛은 단맛이다. 오랜 시간 보관되는 동안 맥주가 부패하지 않도록 일반 필스너 대비 많은 양의 맥아를 넣어 알코올 함량을 높였고, 덕분에 맥아의 진한 단맛을 느낄 수 있게 됐다. 그리고 지금 소개하는 파운더스 옥토버페스트는 메르첸 비어의 맛을 극한으로 끌어올렸다. 진짜 달고 맛있는 축제의 맛 그 자체다.

맥주를 마시자마자 느껴지는 건 물 적게 탄 아이스티의 맛이다. 아이스티를 마실 때 물을 너무 적게 타서 머리가 띵~ 할 정도로 달게 마셔본 경험, 누구나 한 번씩은 있을 것이다. 파운더스의 옥토버페스트는 그런 단맛을 닮았다. 그대로 혈관에 흡수될 것처럼 짙고 쨍한 단맛. 마시자마자 어우~ 하는 소리와 함께 도파민이 뿜어져 나올 것 같이 행복해지는 단맛이다. 자주 접할 수 있는 스타우트, 둥켈, 복 같은 어두운색의 맥주에서도 단맛은 쉽게 느낄 수 있다. 다만 이런 맥주에서 느껴지는 단맛은 다소 어두운 느낌인 데 반해 메르첸은 훨씬 밝고 경쾌하다. 역시 축제에 어울리는 맛이다.

그러니 독일에 못 간다고 슬퍼하지 말자. 독일 메르첸보다 훨씬 달고, 쨍하고, 파워풀한 축제의 맛을 담은 파운더스 옥토버페스트와 함께라면 지금 당신이 있는 곳이 바로 옥토버페스트다! (근데 왜 눈물이 흐르지…)

토플링 골리앗
수도수 페일 에일
Toppling Goliath
Pseudo Sue Pale Ale

"홉을 입 안에 가득 넣고
와그작 씹어 먹는 기분"

페일 에일 Pale Ale
미국 USA

화사하고 풍성한 홉 향기가 넘쳐흐른다.
캘리포니아 해변의 작렬하는 태양과
시원한 바닷바람이 떠오르는,
어쩐지 신나는 미국식 페일 에일.

캘리포니아에 가본 적은 없지만 영화나 드라마를 통해 느껴지는 캘리포니아의 날씨는 천국의 날씨가 아닐까 싶은 정도로 상쾌해 보인다. 햇빛은 강하지만 습하지 않고, 바람까지 선선하게 분다고 하니 언젠가 그 환상적인 날씨를 직접 경험해보고 싶다. 수도수 페일 에일은 이 캘리포니아의 상쾌한 날씨를 "맛"으로 변환한 미치도록 화사한 맥주다.

이 맥주에서는 미국을 대표하는 홉이자 세계에서 가장 시트러스 아로마가 강하다는 홉, 시트라 홉Citra Hop이 단독 주연을 맡고 있다. 그래서인지 맥주를 마셔보면 먼저 새파란 식물 날것의 향기가 물씬 느껴지고, 오렌지, 망고, 라임, 자몽 같은 열대과일의 과즙이 모세혈관에 스며드는 것 같다. 이렇게 화사함을 만끽하며 눈을 감으면, 내가 파괴 신이 되어 홉 농장을 마구 휘젓고 다니면서 싱싱한 홉을 닥치는 대로 우걱우걱 씹어먹는 상상을 하게 된다. 그 정도로 과일 향이 워낙 강하다 보니, 과장 좀 보태서 맥주를 마시고 30분이 지나도 입에서 향기가 나는 것 같다. 양치질하는 것보다 입 냄새 제거 효과가 좋을지도…?

시원하게 맥주 한 잔 마시고 소파에 누우면 아직 느껴보지 못한 천국의 날씨, 캘리포니아 해변의 날씨가 느껴지는 것 같다. 창밖에서 불어오는 시원한 바람, 기관지를 적시는 상쾌한 열대과일 향기, 그리고 취기로 인한 신나는 기분까지. 수도수 페일 에일과 함께라면 멀리 맥주 축제까지 갈 필요 없이 집에서 딱 한 캔만 마셔도 맥주 축제 이상의 상쾌함을 느낄 수 있다. 물론 친구들 초대해서 같이 마시면 더 좋고!

파울라너 옥토버페스트 비어
Paulaner Oktoberfest Bier

"너무 달지 않아서 오히려 좋아"

메르첸 März en
독일 Germany

어르신들이 찾는 단맛이 이런 걸까.
독일 현지에서 10잔, 20잔
연속으로 마시고 싶은,
적당히 달콤한 맥주.

실제 독일 옥토버페스트에 공급되는 맥주다. 만약 시차를 맞춰 마시다면 독일 옥토버페스트와 장소만 다를 뿐, 같은 시간에 같은 맥주를 마시는 경험을 할 수 있다. 오히려 더 슬플 것 같다고? 맞다. 굳이 그렇게까지 할 필요 없다. 더 비참해질 뿐이다… 흑흑…

파울라너의 옥토버페스트 비어를 마시면 생각보다 덜 달아서 놀라게 된다. 앞서 소개했던 미국 파운더스의 옥토버페스트 맥주는 잇몸이 저릴 정도로 달콤한 맛이 특징이다. 반면 파울라너의 옥토버페스트 비어는 약간의 단맛만 느껴지는데, 잔잔하게 느껴지는 보리 맛 뒤로 슬그머니 들어오는 달콤한 캐러멜 맛이 자극적이지 않게 마무리된다. 뮌헨 지역의 유명한 맥주 스타일인 헬레스Helles*에 물엿을 살짝 탄 것처럼 많이 달지 않아 마시는 내내 큰 자극 없이 무난하다.

사실 생각해보면 이 정도로 달콤한 게 적당한 것 같다. 옥토버페스트에서 제공되는 맥주는 한잔에 무려 1L에 달하는 대용량인 데다가, 축제 특성상 한 잔만 마시지 않고 여러 잔 마시기 때문에 너무 달면 금방 질려서 축제가 망할 수 있다(?). 생각보다 달지 않아서 실망할 뻔했는데, 오히려 10잔, 20잔 계속 마시고 싶어질 정도로 딱 좋다. 괜히 근본 있는 축제 맥주가 아니었다. 역시는 역시다.

*체코 필스너의 유행에 대항하여 탄생한 독일의 밝은 라거로 가벼운 맛이 특징이다

파이어스톤 워커
마인드 헤이즈 홉피컬 크러쉬 IPA
Firestone Walker
Mind Haze Hopical Crush IPA

"가락시장 과일 도매 상가"

헤이지 IPA Hazy IPA
미국 USA

넓디넓은 가락시장 과일 상가를
지나가는 것처럼 도무지 끝나지 않는
열대과일 향기에 취한다.
'홉 축제'라는 말이 잘 어울리는
왁자지껄한 맥주.

축제라는 단어는 어쩐지 번잡하고 시끄럽다. 즐거움에 소리 지르는 사람도 있고 시끄러운 음악도 쿵쿵 울려 퍼진다. 게다가 술까지 더해지면 더 정신없다. 하지만 그게 축제의 참맛이다. 조용한 축제는 존재하지 않는다. 축제란 무릇 시끄럽고 번잡하며 즐거워야 한다. 마인드 헤이즈 홉피컬 IPA는 축제를 닮았다. 다양한 과일 캐릭터가 앞서거니 뒤서거니 하며 시끄럽다 느껴질 정도로 '홉 축제'를 벌인다.

우선 맥주를 잔에 따르면 비주얼이 장난 아니다. 마치 파인애플 주스나 망고 주스를 보는 것 같이 샛노란 색인데, 이게 과연 맥주가 맞을까 생각이 들 정도다. 냄새와 맛도 이 비주얼을 닮았다. 정말, 진짜 과일 맛으로 가득하다. 맥주에서 가장 먼저 느껴지는 건 파인애플, 망고, 오렌지, 자몽 따위의 열대과일 향이다. 마시고 나서도 한참 동안 입 안에 과일 향이 찐득하게 붙어 있는데, 맥주를 마신 건지 과일 주스를 마신 건지 헷갈릴 정도다. 이 과일들은 도무지 하나의 맛으로 합쳐지질 않는다. 모두 자기주장이 확실해 망고 맛이 훅! 하고 나타났다가 다음에는 자몽, 그다음에는 오렌지가 순서 상관없이 마구잡이로 튀어나온다. 마시는 내내 정신없지만, 다채로운 맛을 한 번에 만끽하는 즐거움은 어느 맥주에서도 쉽게 느낄 수 없는 매력이다. 그리고 쓴맛은 거의 느껴지지 않는다. 워낙 과일 맛이 강하기도 하지만 헤이지 IPA의 특성상, 쓴맛보다는 아로마에 집중했기 때문에. 쓴맛 없이 즐겁게 과일 맛만 즐길 수 있다.

'즐겁다'는 기분을 맛으로 느끼게 해주는 홉피컬 IPA. 축제에 잘 어울리는 것은 물론이고, 홉 단독주연의 짜릿한 액션영화 같은 맥주가 생각날 때도 이 맥주는 최고의 선택지가 되어줄 것이다.

여러 종류의 맥주를 마실 때 순서 정하는 방법

맥주를 마실 때도 전략이 필요하다. 처음부터 자극적인 맥주를 마시면 이후에 마시는 다른 맥주들이 밍밍하게 느껴진다. 따라서 온화한 성향의 맥주를 시작으로 점점 자극적인 맥주를 마시는 순서로 전략을 짜 마셔야 한다. 만약 어떤 맥주가 온화하고 자극적인지 모르겠다면 아래의 두 가지 팁을 참고해보자.

1 맥주의 스타일을 고려하자

골든 에일과 페일 에일 중에서는 페일 에일이 더 자극적이다. 그러므로 골든 에일을 먼저 마시는 게 좋다. 같은 이유로 페일 에일과 IPA 중에서는 페일 에일을, 스타우트와 임페리얼 스타우트 중에서는 스타우트를 먼저 마시는 게 좋다. 만약 필스너와 바이젠, 스타우트와 IPA처럼 자극을 서로 비교하기 다소 모호한 경우라면 아래의 두 번째 팁을 따라해 보자.

2 맥주의 도수를 고려하자

맥주의 알코올 도수가 높다는 건 그만큼 많은 양의 맥아가 들어갔다는 뜻이다. 따라서 도수가 높은 맥주는 맥아 캐릭터가 강할 것이고, 높은 확률로 이에 못지않게 홉도 강조돼 있을 것이다. 그러므로 도수가 낮은 맥주에서 높은 맥주 순서로 마셔야 처음에 마시는 맥주도 맛있게, 맨 마지막으로 마시는 맥주도 맛있게 즐길 수 있다. 앞으로 여러 맥주를 마시게 될 때, 맥주의 스타일과 도수를 고려해 몇 번 전략을 짜 보면 당신만의 맥주 마시는 순서를 정립할 수 있을 것이다.

추위를 따뜻하게 감싸주는 맥주

겨울은 겨울만의 낭만이 있다.

다른 계절이 감히 넘볼 수 없는 겨울 특유의 감성과 분위기. 보일러 틀어놓고 살짝 데워진 공기 속에서, 흰 눈이 내리는 바깥 풍경을 안주 삼아 맥주 한 잔을 즐기는 행복이란… 그 어떤 계절에서도 느낄 수 없는 독보적인 감성과 분위기다. 특히 겨울 밤하늘을 닮은 어두운 색깔에 높은 도수로 추위까지 녹여주는 맥주라면 더할 나위 없겠다.

지금, 이 순간 당신에게 필요한 건 아름다운 겨울 밤하늘에 어울리는 맥주 한 잔이다.

슈나이더 바이세 탭09
아벤티누스 아이스복
Schneider Weisse Tap09
Aventinus Eisbock

"탕수육 소스를 너무 오래 끓여서
찐득하게 변한 맛"

아이스복 Eisbock
독일 Germany

맥아의 단맛을 한계까지 끌어올렸다.
찐득한 질감과 압도적인 단맛으로
온몸을 따듯하게 만들어주는
최고의 겨울 맥주.

아이스복Eisbock에 대해 처음 들었을 때, 설마 얼려 먹는 맥주도 있나? 라는 생각을 했었다. 하지만 다행히 얼어 있는 맥주를 마시는 게 아니고, '맥주를 얼려서' 만든 스타일이었다. 눈치챘겠지만 아이스Eis는 독일어로 얼음을 의미한다. 아이스복은 알코올의 어는 점이 물보다 낮다는 과학적 사실을 바탕으로 만들어진다. 복Bock 맥주를 낮은 온도에 노출해 물만 얼게 만든 다음, 얼음을 제거해 농축된 맥주를 뽑아낸 것이 아이스복이다. 술에 물을 타 도수를 낮게 만드는 과정과 완전 반대라고 이해하면 쉽겠다. 보통 아이스복은 복을 기반으로 만들어지는데, 지금 소개하는 아벤티누스 아이스복은 무려 바이젠복Weizenbock*을 얼려 만들었다고 하니, 어떤 맛일지 더욱 궁금해진다.

맥주를 마시면 먼저 압도적인 질감에 놀란다. 마치 맥아즙을 졸이고 또 졸여서 만든 진액처럼 끈적이는 질감에 실실 웃음이 나온다. 이어서 바나나 향이 이어지는데, 오래 숙성돼 검은색으로 변한 바나나를 믹서기에 갈아 낸 것처럼 압도적인 바나나의 달콤한 맛과 향기에 또 한 번 웃음이 지어진다. 그 후 비로소 전해지는 맥아의 참맛. 흑설탕을 물에 탄 뒤, 약한 불에 오랜 시간 끓이면 이런 맛이 나지 않을까 싶은 단맛이 느껴진다. 여기에 건포도와 시럽을 닮은 단맛까지 더해져 입 안은 온통 단맛으로 가득 찬다. 마치 전날 먹다 남은 탕수육 소스를 냄비에 데우다가, 너무 오래 끓여서 찐득하게 들러붙은 것 같달까. 소스 자체의 단맛에 건더기의 깊은 맛까지 더해져 복잡하게 달콤해진 탕수육 소스가 생각난다.

맥주를 목구멍 뒤로 넘기고 나면 비로소 도수 12도의 압도적인 알코올 감이 느껴진다. 몸은 뜨뜻하게 달아오르고, 숨도 뜨거워진다. 마냥 달콤한 줄만 알았는데 뜨겁기까지 하다니, 아이스복이란 여러모로 놀라움의 연속이다.

흔히 겨울에 가장 잘 어울리는 맥주로 임페리얼 스타우트가 거론되곤 한다. 은은한 커피 향에 달콤한 초콜릿 맛, 여기에 높은 도수까지 갖추고 있어서 확실히 겨울과 궁합이 잘 맞는다. 하지만 아이스복도 이에 못지않다. 오히려 압도적인 단맛으로 더욱 포근한 느낌을 주는 스타일이라고 생각한다. 겨울밤, 늘 마시던 임페리얼 스타우트 대신 색다른 즐거움을 느껴보고 싶다면 이 맥주를 꼭 마셔보길 추천한다.

*맛과 도수가 강한 바이젠

파운더스 KBS
Founders KBS, Kentucky Breakfast Stout

"나이테 사이사이에
 스며들어 있는 맥주"

임페리얼 스타우트 Imperial Stout
미국 USA

통나무를 통째로 깎아 맥주잔을 만들고
그 안에 맥주를 가득 담은 다음,
나이테 사이사이를 훑고 나온
맥주를 마시면 딱 이 맛일 것이다.

KBS 라는 이름 때문에 어쩐지 한국 맥주 같지만, 미국에서 만든 전설적인 임페리얼 스타우트다. 구글에 외국 맥주를 검색하다 보면 종종 Rate Beer, Beer Advocate라는 웹사이트가 눈에 띄는데, 이곳은 전 세계 맥주 마니아들이 모여 자신들이 마신 맥주에 평점을 주는 곳이다. 파운더스 KBS는 Rate Beer에서도 100점, Beer Advocate에서도 100점을 받은 최고의 맥주다. 이 맥주를 마셔본 입장에서 100점이 아니라 1,000점도 아깝지 않다. 진짜 맛있는 맥주다.

파운더스 KBS는 버번위스키를 숙성시켰던 배럴에 맥주를 숙성시켜 나무와 위스키 향 모두를 맥주에 입혔다. 안 그래도 깊고 진한 임페리얼 스타우트인데 이런 향까지 더해지다 보니 맛이 없으려야 없을 수 없다. 맥주를 한 모금 마시면 내 몸은 이미 고목이 가득한 숲속에 있다. 그 숲속의 나무 중 가장 오래된 나무를 고르고 밑동을 내리쳐서 그루터기를 만든다. 그 가운데를 열심히 파내어 큼직한 통나무 맥주잔을 만든 후 임페리얼 스타우트를 가득 따라낸다. 오랜 시간 맥주를 숙성시키고 나무에 고여있는 맥주를 쭉 들이켜면 딱 이 맛이지 않을까. 오래된 나무의 냄새, 위스키 배럴의 깊은 향기가 맥주를 마시는 내내 이어진다.

짙은 나무 향이 살짝 물러나는 타이밍에는 기막힌 에스프레소 맛이 치고 들어온다. 꽤 괜찮은 카페의 에스프레소가 생각날 만큼 짙고 혀에 달라붙는 향기가 인상적이다. 반면 초콜릿, 코코아의 맛은 비교적 보조적이다. 워낙 다른 맛과 향이 강해서 달콤한 맛은 상대적으로 약하지만 쓰거나 부담스러울 수 있는 맥주에 약간의 쉬어가는 시간을 준다.

맥주를 마시면 저절로 몸이 나른해진다. 물론 12도라는 높은 도수 때문이기도 하지만 어쩐지 따듯한 느낌의 나무 향과 은은한 에스프레소 향까지 즐기고 있자니 나른해지지 않을 수가 없다. 만약 이 맥주를 여름에 마신다면 그건 죄악이다. 추운 겨울, 꽁꽁 얼어있는 몸과 마음을 녹일 때 진가가 제대로 드러난다. 꼭 추운 겨울에 마시도록 하자.

흑백 임페리얼 스타우트
黑白 Imperial Stout

"진하게 내린 바닐라 라테"

임페리얼 스타우트 Imperial Stout
대한민국 South Korea

전반적으로 단맛이 강조되어 있다.
어렵지 않고 직관적으로,
재밌게 즐길 수 있는
임페리얼 스타우트.

아마 한국 임페리얼 스타우트 중에서 가장 오랫동안, 대중적으로 사랑받고 있는 맥주가 아닐까 싶다. 플레이그라운드 브루어리의 작품으로, 2017년부터 꾸준히 사랑받고 있는 이 맥주는 최근 편의점까지 진출하며 '임페리얼 스타우트가 편의점에?!' 라는 놀라움을 주기도 했다.

맥주의 맛은 '흑백'이라는 이름과는 거리가 멀다. 흑백이라는 이름을 들었을 때는 흑과 백처럼 딱딱 끊어지는 다소 공격적인 느낌의 맥주를 상상했지만, 예상외로 부드러운 질감과 달콤한 맛이 특징이다. 역시 함부로 편견을 가져서는 안 된다. 한 잔 마시면서 인생의 교훈까지 배울 수 있는 고마운 맥주다.

맥주에서 지배적으로 느껴지는 건 진하게 다가오는 바닐라의 단맛, 그리고 다소 중후하고 무겁게 깔리는 커피 맛이다. 바닐라 맛과 커피 맛이 느껴진다고 해서 바닐라 라테처럼 일차원적이고 가벼운 느낌은 아니다. 마치 커피 원두를 바닐라 시럽으로 먼저 코팅한 후 약한 불에서 은은하게 볶아낸 맛이랄까. 좀 더 입체적이고, 어쩐지 고급스러운 느낌이다. 그리고 역시나 맥주를 삼키고 난 다음에는, 10도라는 높은 알코올 도수로 인한 뜨끈~한 술기운이 조금 올라온다. 달콤한 바닐라 향에 묵직한 커피 향, 그리고 후끈 달아오르는 알코올까지… 기분 좋게 취할 수 있음에 감사한 맥주다.

다른 임페리얼 스타우트들은 대부분 복잡하고 무거운 느낌이 드는데 반해 이 맥주는 비교적 가볍고 쉽게 맛을 느낄 수 있다. 그래서인지 추운 겨울, 따뜻한 공간에서 사랑하는 사람들과 오손도손 이야기 나누며 즐겁게 마시기 딱 좋다.

정 많고
베풀 줄 아는
당신을 위한
맥주

켈러비어라는 스타일이야말로 맥주의 원형에 가장 가깝지 않을까 싶다. 켈러비어 Kellerbier는 Cellar Beer라고 하면 이해하기 쉽다. 말 그대로 지하실에서 만들었다는 뜻인데, 맥주를 옛날 방식대로 양조 했다는 걸 은유적으로 표현한 스타일이라고 보면 되겠다. 요즘에는 어느 정도의 현대식 장비를 사용하겠지만, 인공적인 탄산 주입을 피하고 여과나 살균 등의 가공을 거치지 않기 때문에 옛날 독일 조상님들(?)께서 드신 맥주와 가장 가까운 맛을 느낄 수 있다고 한다. 그리고 이번 주인공 카이저돔 켈러비어는 국내에서 즐길 수 있는 몇 안 되는 켈러비어 중 하나로 그 특징을 아주 잘 표현하고 있다.

맥주는 아주 탁하다. 내가 마셔본 라거 중 가장 지저분한 비주얼인데, 여과되지 않은 효모 찌꺼기 때문으로 추정된다. 그리고 맛은 충격 그 자체. 일단 탄산이 거의 느껴지지 않는다. 개인적으로 맥주에 탄산이 과하면 맥주 맛을 느끼는 데 방해가 된다고 생각하기 때문에 아주 마음에 드는 부분이다.

맥아는 정제되지 않은 곡물의 향, 거친 비스킷 향을 뿜어낸다. 하지만 자극적이지는 않다. 마치 보리로 걸쭉하게 죽을 끓인 것처럼 거칠지만 부드럽고, 은은하지만 짙은 보리의 맛을 느낄 수 있다. 이에 반해 홉에 부여된 역할은 크지 않다. 하지만 오히려 좋다. 이 맥주를 마시는 동안은 오로지 걸쭉한 질감과 풍부하게 우러난 맥아에만 집중하고 싶으니까.

맥주를 마시는 내내 감탄하고 또 감탄했다. 지금껏 마셨던 맥주는 다 가짜인가… 하는 생각이 들 정도로 완전히 다르고, 걸쭉하고, 구수했다. 이 정도 맥주라면 술을 좋아하는 사람 누구라도 흥미를 갖고 마실 수밖에 없다.

호프브로이 오리지널
Hofbräu Original

"완성형 맥주"

헬레스 Helles
독일 Germany

라거 맥주의 꼭대기라고 말하고 싶다.
도저히 부족한 부분을 찾을 수 없는
완벽 그 자체의 맥주.

만약 외계인이 지구에 놀러 와 맥주가 어떤 맛인지 물어본다면 나는 이 맥주를 권하고 싶다. 그러면 맥주가 무엇인지 정확하게 이해할 수 있을 것 같다. 이 맥주는 헬레스Helles 스타일이다. 체코 필스너의 공습이 뮌헨에까지 도달하자 일부 뮌헨의 양조가들은 필스너에 대항하기 위해 필스너의 레시피를 일정 부분 받아들였고, 금빛으로 밝게 빛나는 맥주를 양조하는 데 성공했다. 독일어로 밝다는 뜻의 헬레스, 헬Hell이라는 이름의 맥주 스타일은 이렇게 뮌헨에서 탄생했다.

헬레스를 대표하는 이 맥주에서 가장 먼저 느껴지는 건 '아름답게' 달콤한 맥아의 맛이다. 곡물의 단맛과 꿀의 단맛이 합쳐져 금빛 오로라에 휩싸이는 것 같은 아름다운 맛을 보여주는데, 마치 맥아에 꿀을 입힌 후 볶은 것 같다. 그렇다고 무지막지하게 달진 않고 딱 기분 좋은 정도로만, 과하지 않게 달다. 보통의 유럽 라거들이 가진 묵직하고 두툼한 이미지와는 달라 상당히 흥미롭다.

홉에 대해서도 말하지 않을 수 없다. 일반적인 유럽 라거는 뒷맛을 깔끔하게 잡아주는 정도로 홉의 역할이 제한적이다. 반면, 이 맥주에서 홉은 화사한 풀 향기, 약간의 쌉쌀한 향으로 맥주 맛을 한 단계 업그레이드시킨다. 마치 컵라면을 먹을 때 마지막에 유성 수프를 넣으면 맛이 한 단계 올라가는 것처럼 이 풀 향기와 쌉쌀함은 맥주 맛을 끌어 올린다.

감히 라거의 완성형이라고 말하고 싶다. 맥아와 홉의 맛이 이상적으로 어우러진 이 맥주야말로 완성형 맥주라는 타이틀을 받을 만하다. 요즘 유행하는 자극적인 IPA, 스타우트에 비하면 다소 심심하고 약하다고 생각할 수 있지만, 튜닝의 끝이 순정인 것처럼 절대 무시할 수 없는 탄탄한 기본기를 갖춘 최고의 올드 스쿨 맥주다.

DAB 도르트문터 엑스포트
DAB Dortmunder Export

"근육질 맥주"

도르트문터 엑스포트 Dortmunder Export
독일 Germany

공업도시 도르트문트의 이미지와 잘 어울리는 묵직하고 딴딴한 맛. 파워풀한 근육질 맥주를 찾는다면 이 맥주를 마셔보자.

때는 1800년대, 체코 필스너의 돌풍은 도르트문트까지 이어졌고 이에 도르트문트의 일부 양조가들은 필스너보다 도수도 높고, 강한 맛의 도르트문터 엑스포트 스타일을 탄생시켰다. 그리고 도르트문터 엑스포트를 대표하는 맥주가 바로 이 DAB 도르트문터 엑스포트 맥주다. 참고로 맥주 이름에 사용되는 DAB이라는 단어는 맥주 맛의 답, 맥주의 해답이라는 의미가 아니고 Dortmunder Actien Brauerei라는 양조장 이름의 약자다.

이영표 선수가 활약하면서 한국인들에게 익숙해진 독일의 공업도시 도르트문트. 도르트문트를 대표하는 맥주답게, 첫 모금부터 예사롭지 않다. 확실히 묵직하고 딴딴한 무언가가 느껴진다. 탄산감이 좋다든지, 목 넘김이 좋다든지, 부드럽다든지, 그런 나약한 표현은 전혀 어울리지 않는다. 이 맥주는 오로지 강하다, 묵직하다, 딴딴하다는 말이 어울린다. 뭐가 그렇게 강하냐고? 우선 맥아 자체가 뿜어내는 맛이 강하다. 일반적으로 유럽의 페일 라거에서 기대할 수 있는 맥아의 고소하고 달콤한 맛이 한 단계 업그레이드된 느낌이다. 농도가 높은 것 같기도, 재료가 아낌없이 들어간 것 같기도 한 묵직한 맛이다. 아, 맥아 캐릭터가 강조됐다고 해서 복Bock이나 메르첸Märzen 처럼 달콤한 맥주를 상상해서는 안 된다. 그렇게 짙고 어두운색의 맥아 느낌은 아니고, 밝은 맥아가 강한 캐릭터를 가진 느낌이다. 좀 더 강한 하이네켄, 칼스버그랄까? 여기에 홉도 나름 쌉쌀한 맛을 강하게 뿜어내고 있지만, 워낙 맥아 캐릭터가 강한지라 크게 존재감이 느껴지진 않는다.

안 그래도 짙은 맛이 특징인 유럽 라거들 사이에서 압도적인 파워를 보여주는 DAB 도르트문터 엑스포트. 술 좀 마셔봤다 하는 사람이라면 이 짙은 맛의 유혹에 안 넘어갈 수 없을 거다.

병맥주와 생맥주, 결정장애 극복하는 방법

맥주를 전문적으로 취급하는 곳이 아닌, 일반 식당이나 치킨집, 호프집에 가면 언제나 생맥주와 병맥주의 갈림길에서 고뇌하게 된다. 이제 아래의 두 가지 팁을 참고해서 시간 낭비 돈 낭비 하지 말고 현명하게 결정해보자.

1 다른 손님의 테이블을 훔쳐보자

이미 생맥주를 마시고 있는 손님을 찾아 그가 마시고 있는 생맥주를 유심히 관찰해보자. 만약 맥주 거품이 너무 적거나 많은 경우, 거품 방울이 너무 크고 거친 경우라면 고민할 필요 없이 바로 병맥주를 주문하자. 생맥주가 엉망으로 관리되고 있을 가능성이 높고, 맥주 관리하는 분의 숙련도가 떨어져 탄산이 너무 많거나, 반대로 김빠진 맥주일 가능성도 높다.

2 회전율을 참고하자

생맥주도 병맥주, 캔맥주와 똑같은 맥주다. 완성된 맥주를 병에 담았느냐, 캔에 담았느냐, 케그Keg*에 담았느냐의 차이만 있다. 따라서 다른 맥주가 그런 것처럼 생맥주도 제조일로부터 빨리 소비해야 맛있다. 이게 바로 회전율이 중요한 이유다. 손님들이 생맥주를 많이 주문하면 오늘 딴 맥주를 오늘 다 소비하게 될 것이고, 그러면 또 싱싱하고 맛있는 케그를 공급받게 된다. 그러면 손님들은 맥주가 맛있어서 또 주문하고, 가게는 또 싱싱한 케그를 공급받는, 이런 '맛의 선순환'이 무한 반복된다. 따라서 얼마나 많은 손님이 생맥주를 마시는지 유심히 관찰한 다음 생맥주를 주문하자. 만약 다른 손님들이 병맥주만 주문한다면, 나도 그들과 한 편이 되는 것이 이롭겠다.

*스테인리스 통

이십년지기 친구의 '내 집 장만'을 축하해 줄 수 있는 맥주

평생 한동네에서 같이 살 것 같았던 친구들이 하나둘, 어른이 되면서 떠나갔다.

그리고 나 역시 결혼하며 정든 동네를 떠났다. 그렇게 맞닥뜨린 내 집 마련 전쟁. 대충 고개만 돌려봐도 널린 게 집인데 이상하게 내 집은 하나도 없다. 세상은 생각보다 호락호락하지 않나 보다.

역시 혼자보단 '함께'가 좋은 법. 호락호락하지 않은 세상에서 살아남기 위해 서로 밀어주고 당겨준 결과 드디어 친구 한 놈이 스타트를 끊었다. 그렇게 마련된 술자리, 세상 그 누구보다 친구를 축하해주고, 그동안의 고생에 박수를 보내주고 싶다.

지금, 이 순간 당신에게 필요한 건 친구의 '네 집 마련' 파티에 어울리는 맥주 한 잔이다.

델리리움 녹터늄
Delirium Nocturnum

"면세점에서 큰맘 먹고 산
'술 들어있는 초콜릿'의 맛"

벨지안 스트롱 다크 에일
Belgian Strong Dark Ale

벨기에 Belgium

벨지안 에일과 둥켈의 맛을
아는 사람이라면
이 맥주를 그냥 지나칠 수 없다.
화사한 맛과 달콤한 맛이 '단짠' 처럼
잘 어울리는 고급스러운 맥주.

분홍색 코끼리가 그려진 귀여운 맥주다. 하지만 '맛도 귀엽겠지~' 하는 생각으로 마셨다간 순식간에 정신을 잃을 수도 있겠다. 분홍색 코끼리는 알코올에 중독되면 보이는 대표적인 환영을, 델리리움 녹터눔이라는 말은 광기의 밤을 뜻한다고 한다. 이 모든 걸 합치면 '술에 취해 환각을 보게 되는 광기의 밤' 정도로 이해할 수 있는 무서운 맥주다. 나는 환각을 본 적까지는 없는데… 무섭다… 이 맥주가 이렇게 무서운 이름을 갖게 된 건 무려 8.5도에 달하는 도수임에도 불구하고 너무 달콤하고 맛있어서일 거다. 마치 듀벨이 악마의 맥주라는 별명을 갖는 것과 비슷하다.

맛은… 이런 표현 어떨지 모르겠지만 예전에 유행하던 '단짠' 이라는 말이 떠오른다. 물론 달고 짠 맥주는 아니다. 벨지안 에일 특유의 화사한 꽃향기와 농익은 사과의 꼬릿한 맛이 기분 좋게 훅~ 하고 다가오고 이 맛이 사라질 때쯤, 뒤늦게 캐러멜과 초콜릿을 닮은 단맛이 조심스럽게 기관지를 점령한다. 이 단맛은 독일의 둥켈Dunkel을 닮았는데, 이보다 좀 더 어둡고 가라앉은 느낌이다. 아마 독일의 둥켈과는 사용되는 맥아의 종류도 다르고, 만드는 과정도 다르기 때문이리라. 이 화사하면서도 달콤한 맛은 마치 '단짠'처럼 훌륭한 궁합을 보여주고, 어쩐지 면세점에서 큰맘 먹고 구입한 '술 들어있는 초콜릿'을 떠오르게 한다. 쟁여놓고 있다가 집에 손님이 오면 하나씩 꺼내어 대접하기 좋은 그 초콜릿 말이다.

다양한 맛을 담고 있다고 해서 무조건 고급스러운 맥주라고 할 수 없지만, 이 맥주는 벨지안 에일과 둥켈의 매력을 고급스럽게 잘 연결한 명작이다. 어느 때보다 고급스러우면서 분위기를 달아오르게 할 파티용 맥주를 딱 한 병만 골라보라 한다면 나는 기꺼이 이 델리리움 녹터눔을 선택하겠다.

슈나이더 바이리쉬 헬
Schneider's Bayrisch Hell

"푸른 초원에서 맛보는 달콤한 밤꿀"

헬레스 Helles
독일 Germany

풍성한 풀 내음과 달콤한 밤꿀 맛은
영화 <포카혼타스>의
광활한 신대륙을 떠올리게 한다.
헬레스는 올드하다는 편견을
한 방에 무너뜨려 줄 풍성한 맛.

소중한 사람을 축하하는 자리라면 당연히 근본 있고 제대로 만든 맥주를 가져가야 한다. 그리고 그런 목적에 딱 맞는 맥주가 바로 이 슈나이더 바이리쉬 헬Bayrisch Hell이다. 우선 이 맥주는 독일에서도 맥주에 있어 둘째가라면 서러운 지역인 바이에른 주에서 만들어진 맥주로, 맥아와 홉까지도 바이에른 산을 사용했다. 여기에 맥주의 스타일마저 바이에른의 최대 도시인 뮌헨에서 유래한 헬레스Helles일 정도이니 그야말로 정통 바이에른 맥주라 할 수 있다. 아, 물론 맥주의 맛까지 좋아야 진짜배기가 맞는지 판단할 수 있지만.

먼저 마셔본 사람으로서 얘기하자면 다행히 진짜배기가 맞다. 일단 맥주에서 가장 지배적으로 느껴지는 건 진하게 달콤하고, 투명한 '밤 꿀' 맛이다. 아카시아꿀보다는 밤 꿀을 닮았는데 여러분도 마셔보면 무슨 말인지 금방 알 수 있을 것이다. 필스너 헬레스 같은 맥주를 마시다 보면 유독 맥아의 꿀맛이 강한 맥주들이 있다. 개중에서도 이 바이리쉬 헬은 가장 꿀에 가까운 맛을 보여준다. 그리고 홉의 역할도 빼놓을 수 없는데, 바이에른의 할러타우Hallertau 지역에서 재배된 홉이 사용돼 풍성한 풀 내음과 허브 향이 맥주에 가득하다.

나는 어릴 때부터 디즈니 애니메이션을 즐겨봤는데, 그 중 <포카혼타스>라는 작품을 특별히 좋아했다. 이야기의 배경이 되는 신대륙의 넓은 초원, 그리고 웅장한 폭포가 쏟아내는 끝없는 물줄기는 언제나 동경의 대상이었다. 그리고 그 환상적인 공간을 맛과 향으로 느낄 수 있는 게 바로 슈나이더 바이리쉬 헬이다. 광활한 초원의 향기, 그리고 초원 어딘가에 있을 달콤한 밤꿀을 한 병에 담으면 이런 맛이 날 것 같다. 이 정도 맛과 향에, 바이에른 정통 맥주의 근본까지 갖춘 맥주라면 내 벗의 경사를 축하해주기에 전혀 부족함이 없겠다.

에히트
슈렝케를라 라우흐비어 메르첸
Aecht Schlenkerla Rauchbier Märzen

"훈제 소시지의 액체화"

라우흐비어 Rauchbier
독일 Germany

과장 하나 없이
진짜 훈제 소시지 맛이 난다.
그냥 마셔도 맛있지만
고기와 함께할 때 더 완벽한
최고의 육식 파티 전용 맥주.

처음에는 훈제 향이 나는 맥주의 존재에 대해 전혀 믿지 않았다. 하여튼 술 좋아하는 놈들은 허풍이 심해~ 그냥 훈제 비슷한 맛이 조금 나겠지, 뭘 또 훈제 맥주야~ 웃기고들 있다~ 그리고 드디어 마셔본 훈제 맥주. 어느새 나도 그 허풍쟁이가 되어 있었다. 라우흐Rauch는 독일어로 '연기'라는 뜻이므로, 라우흐비어Rauchbier는 연기를 이용해 만든 맥주라고 이해할 수 있다. 그리고 이 라우흐비어를 대표하는 맥주가 슈렝케를라 라우흐비어 메르첸이다.

맥주는 정말 훈제 소시지 맛으로 시작한다. 헛웃음이 나올 정도로 황당한 맛인데 내가 지금 뭘 먹고 있는 건지 이상한 기분까지 든다. 은은하게 입 안에 퍼지는 훈제 향을 음미하고 있으면 나도 모르게 활활 타오르는 장작과 두툼한 고기가 생각난다. 그리고 어렴풋이 맥아의 존재감, 메르첸 특유의 잘 구운 캐러멜 맛도 느껴진다. 하지만 너무 약한 나머지, 사실상 훈제 소시지 굽다가 실수로 떨어뜨리는 바람에 의도치 않게 구워진 밥풀(?)처럼 느껴진다. 그리고 홉도 거의 느껴지지 않는다. 이 맥주를 요약하자면 훈제 95 : 맥아 4.9 : 홉 0.1이라고 할 수 있다.

친구를 축하하기 위해 모인 자리. 다른 참석자들이 고기와 햄, 소시지를 준비한다면 나는 이 맥주만 준비하면 된다. 처음에는 겨우 맥주? 라고 반응하던 친구들도 이 맥주를 마시자마자 모두 우와!! 하고 감탄할 테니까.

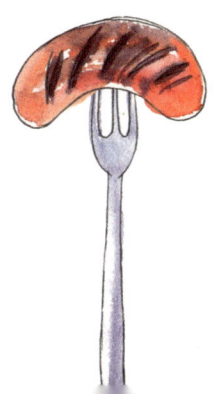

트라피스트 로슈포르 8
Trappistes Rochefort 8

"액체 빵 그 자체"

벨지안 스트롱 다크 에일
Belgian Strong Dark Ale
벨기에 Belgium

유럽 노포 빵집에서
구수하고 까맣게 구워낸
호밀빵을 닮았다.
그저 액체 빵이라는 단어가
너무 잘 어울리는 맥주.

흔히 맥주를 액체 빵이라고 부른다. 보리가 베이스가 되기도 하고 맥주를 식사 대용으로 먹는 사람도 있으니까. 엥? 맥주를 식사로? 그렇게 부러운 사람이 있다고? 안타깝게도 그 주인공은 유럽의 수도승들이다. 우리가 맥주로 식사하겠다고 수도승이 될 순 없잖아… 수도승에게 사순절 기간 하느님이 허락한 유일한 마약, 아니 식사가 바로 맥주였다고 한다. 그리고 그들이 마시던 맥주는 현재 "트라피스트 맥주"라는 이름으로 이어지고 있다. 전 세계적으로 10곳 남짓한 수도원에서만 만들어지는데 국제 트라피스트 협회의 인증을 받아야 하는 등 아주 까다로운 기준을 충족해야 한다고 전해진다. 그리고 그 귀한 맥주 중 하나가, 지금 소개하는 트라피스트 로슈포르 8이다.

아 됐고, 그래서 이 액체 빵은 무슨 맛이냐고? 맥주를 한 모금 마시는 순간 욕이 나온다. 이거 벨기에 수도승 아저씨들… 맛있는 거 독차지하고 있었네… 일단 액체 빵이라는 말과 너무 잘 어울리는 맛이다. 유럽의 노포 빵집에서, 가문 대대로 내려오는 레시피대로 구수하고 까맣게 구워낸 호밀 빵을 닮았다. 맥아의 맛이 구수하게 쭈욱 깔리면서, 동시에 살살 달콤한 맛도 느껴진다. 여기에 건포도, 견과류의 맛이 이어지는데 앞서 말한 빵 맛과 합쳐져 마치 건포도가 들어간 호밀 빵을 먹는 것 같다. 마무리는 벨기에 맥주 효모 특유의 시큼 꼬릿한 맛. 그래 이 이상한 맛이 없으면 벨기에 맥주가 아니지… 한 병을 다 마시면 정말 든든하다. 9.2도에 달하는 도수 때문인지 취기가 해롱해롱 오르기도 하고 두툼한 맛 때문에 배가 부르기도 하고.

이 깊은 맛의 액체 빵은 실제로 우리 집에 손님이 놀러 올 때 애용하는 맥주다. 일단 수도원 맥주라는 데서 호기심 폭발, 그리고 압도적인 맛에 감탄 폭발. 평소에 마시기엔 가격이 좀 부담스럽지만, 즐거운 순간을 위해서라면 기꺼이 구입할 만한 맥주다.

나이를 초월한 친구와
함께 즐기기 좋은 맥주

꼭 나이가 같거나 비슷해야 친구가 되는 건 아니다.

친구가 된 계기가 어떻든 우리 주변엔 적어도 한두 명쯤은 나이에 상관없이 통하는 점이 있고, 서로 진심 어린 응원을 해주는 어르신 친구가 있다. 나에겐 언제나 묵묵히 무한 응원을 보내주시는 애주가 장인어른이 계시고, 가끔 해물탕에 소주를 마시며 영화 이야기를 할 수 있는 거래처 사장님이 계시며, 짜증 나는 일이 생기면 점심시간에 몰래 같이 술 마셔주는 부장님도 계신다. 아무래도 소주를 좋아하는 친구들이지만 오늘만큼은 내가 좋아하는 맥주로 소주만큼 맛있는 술이 있다는 걸 보여주고 싶다.

지금, 이 순간 당신에게 필요한 건 나이 많은(?) 친구들과 즐기기 좋은 맥주 한 잔이다.

비어 라오
Beerlao Lager

"자판기 율무차 맛"

페일 라거 Pale Lager
라오스 Laos

구수하고 부드러운 맛이
어쩐지 익숙하다.
자판기 율무차를 닮은 맛 덕분에
외국 맥주가 써서(?)
못 마시는 사람들조차
즐겁게 마실 수 있는 맥주

종종 지인들이 싱가포르나 인도네시아, 발리, 베트남 등 동남아 여행 다녀온 뒤, 그곳에서 마셨던 맥주를 그리워하는 모습을 보곤 한다. 물론 여행이라는 특수성과 그곳의 분위기 때문에 맛있게 느껴졌을 수도 있지만, 일단 맥주 자체가 맛있어서 그럴 가능성이 "매우" 높다. 이번 주인공 비어 라오도 그런 맥주다. 라오스 여행 다녀온 사람들이 못 잊는다고 울부짖는 맥주인데, 실제로 맛이 좋기 때문에 잊지 못하는 것이다.

비어 라오에는 라오스의 특산물인 "재스민 쌀"이 들어가는데, 이 때문인지 다른 부가물 맥주들과 비슷하면서도 다른 특징을 보인다. 우선 쌀이 들어간 페일 라거답게 은은하고 구수~한 맛이 느껴진다. 과장을 살짝 보태서 율무차가 떠오를 정도로 구수한데, 율무차의 맛을 아는 그 누구라도 맛있게 마실 수 있는 익숙한 맛이다. 그리고 또 하나의 특징은 부드러운 질감. 마치 보드라운 비단을 만지는 것 같다. 이 역시 어쩐지 율무차가 떠오르는 특이한 느낌이다. 아마 비어 라오를 좋아하는 사람이라면, 이 구수하고 부드러운 특징 때문에 이 맥주에 푹 빠진 게 아닐까 생각된다.

우리가 회식 자리에서 즐겨 마시는 맥주들과 비슷하면서도 어딘가 다른 맥주 비어 라오. 이른바 '외국 맥주는 써서 못 마시는' 친구들도 비어 라오 만큼은 맛있게 마실 수 있을 것이다.

마카오 골든 에일
Macau Golden Ale

"시럽 두 방울 탄 칭따오 맥주"

골든 에일 Golden Ale
중국 China

골든 에일이지만 달콤한 라거에 가깝다.
달콤하고 고소한 맛으로
어떤 음식과도 잘 어울리는 맥주.

앞서 이야기한 것처럼 골든 에일Golden Ale은 페일 라거의 유행에 대항하여 좀 더 가볍고 청량하게 변신한 페일 에일이다. 빅 웨이브 골든 에일처럼 화사한 홉의 향이 느껴지면서 쓴맛이나 도수가 낮은 것이 일반적인데, 이번 주인공 마카오 골든 에일은 예상을 뒤엎고 완전히 다른 맛을 보여준다. 물론 맛없다는 건 절대 아니다. 다른 맥주에서는 맛볼 수 없는 즐거움이 있는 맥주다.

일단 고소하다. 그런데 어딘가 익숙한 고소함이다. 아~ 진짜 어디서 마셔본 맛인데… 무슨 맥주였더라… 하는 순간 갑자기 떠오른, 어쩐지 웃음이 나오는 익숙한 맥주 하나. 마치 누룽지를 물에 말아 먹는 것처럼 고소한 맛을 내는 칭따오 맥주를 닮았다. 그런데 마카오 골든 에일은 훨씬 더 고소하다. 마치 칭따오 맥주를 2배 농축한 느낌이랄까. 그냥 누룽지가 아니라, 엄청 뜨거운 뚝배기에 오랫동안 붙어서 아예 갈색으로 변해버린 누룽지를 닮은 맛이다. 그리고 그 뒤에는 살짝 달달한 맛이 올라오는데 어쩐지 시럽이라는 표현이 어울리는, 정제되고 가공된 것 같은 단맛이 짙게 느껴진다. 골든 에일이라는 스타일에서 쉽게 예상할 수 없는 깜찍한 단맛이다. 이 단맛은 앞서 묘사한 고소한 맛과 잘 어우러져, 어떤 음식과도 잘 어울리는 시너지 효과를 낸다.

보통 양꼬치 가게나 중국집에서 쉽게 만날 수 있는 맥주인데, '마카오'라는 이름 때문에 주문을 망설이는 사람들이 종종 있다. 나와 함께 식사하는 분들께 마카오 맥주를 마시자고 하면 어쩐지 무섭(?)다거나 익숙한 칭따오, 하얼빈 맥주를 먹자는 반응이 대부분이다. 하지만 그냥 마이웨이 정신으로 마카오 맥주를 주문한 뒤 한잔씩 나누어 마시면 그때부터 마카오 맥주 팬이 돼 버린다. 어떤 음식, 어떤 상황에서도 달큰한 매력을 뽐내는 마카오 골든 에일. 어르신 친구분들께도 분명 만족스러운 한 잔이 되어줄 맥주다.

세상에서 가장 소중한 존재, 가족과 함께 즐기기 좋은 맥주

가족이라는 건 가장 힘이 되는 존재이자, 가장 편안한 존재다.

언제나 걱정하지 말라며 웃어주는 엄마, 하고 싶은 대로 해도 된다고 말해주는 아빠, 엄살 부리지 말라고 투덜대며 응원해주는 누나, 같이 맥주 한 잔 마시며 스트레스를 날려주는 A양. 무조건적인 사랑으로 언제나 나를 지지해주는 사람들이다. 내가 밖에서 기죽지 않고 어깨 쫙 펴고 다닐 수 있는 것도, 내 뒤를 든든히 받쳐주는 가족 덕분이리라. 그래서 가족들과 다 같이 모이는 자리는 즐겁다. 언제나 내 편이라는 걸 알기에 걱정과 근심 모두 잊고 웃을 수 있어서.

지금, 이 순간 당신에게 필요한 건 가장 행복한 순간을 포근하게 장식해줄 맥주 한 잔이다.

생활맥주 레드 라거
Daily Beer Red Lager

"나이 먹고도 까불거리는
나를 닮은 맥주"

앰버 라거 Amber Lager
대한민국 South Korea

갑자기 굵고 구수한 보리 맛을 내었다가
또 화려하고 쌉쌀한 맛도 낸다.
도저히 알 수 없는 행보를 보이며
까부는 맥주.

나만 그런 건 아닐 거다. 밖에서는 정상인인 척, 어른인 척 연기하고 멀쩡한 사람처럼 살면서 집에만 들어가면 까불이가 된다. 밖에서도 집처럼 굴면 바로 욕먹겠지만 다행히 유치원과 학교를 거치며 완벽히 정상인 행세하는 법을 익혔다. 신기하게 맥주 중에도 그런 맥주가 있다. 바로 이번에 소개할 생활맥주 레드 라거다.

이 맥주는 앰버 라거Amber Lager 스타일이고, 말 그대로 호박Amber색 라거를 말한다. 특징으로는 색깔만큼이나 짙은 맥아의 맛. 그런데 생활맥주는 맥아도, 홉도 엄청나게 나댄다. 먼저 맥아는 마치 불에 활활 타는 것처럼 화끈하고 구수하게 다가온다. 그냥 불에 그슬려 만든 짙은 색의 맥주가 아니라, 활활 타오르는 불에 곡물을 바싹 익힌 것처럼 맥아 캐릭터가 드세고 무섭게 몰아친다. 그리고 홉은 마지막에 꽃향기를 반짝, 씁쓸한 맛을 싸악 보여준다. 언제 활활 타올랐냐는 듯 갑자기 태세를 전환하는 모습을 보이는데 '어? 이거 왜 이래?' 라는 생각이 들 정도다.

마시면 마실수록 이게 맥아가 강조된 맥주인지, 홉이 강조된 맥주인지 까불까불 왔다 갔다 헷갈리게 만든다. 점잖은 겉모습과는 달리 다소 정신없는 맛이지만, 이랬을 때도 맛있고 저랬을 때도 맛있는, 잘 만든 맥주 생활맥주 레드 라거. 내가 이 나이 먹고도 한 까불해서 그런지 가족들도 이 맥주를 좋아한다. 그래서 가족과 마시기 좋은 맥주로 당당하게 선정해봤다.

코나 롱보드 아일랜드 라거
Kona Longboard Island Lager

"어릴 적 살던 빌라 앞 작은 정원"

페일 라거 Pale Lager
미국 USA

아기자기하고 귀여운 풀 내음은
추억 속의 작은 정원을 떠올리게 한다.
누가 마시더라도
아련한 어린 시절을 회상하게 되는
포근하고 정겨운 맥주.

내가 어릴 적 살던 합정동 빌라에는 조그마한 정원이 하나 있었다. 말이 정원이지 그냥 텃밭 같은 장소였는데 윗집, 그 윗집 할머니들께서 나팔꽃이며 민들레며 많이 심어놓으셔서 마치 정원처럼 이쁘게 가꿔졌었다. 그때만 해도 현관문 열어놓고 살 때라, 윗집 할머니께서 나가시는 길에 우리 집에 들러 초콜릿을 주시곤 했는데… 이제는 기억 속에만 남아있는 정 넘치는 시절이었다. 아무튼 그 시절을 생각하면 내가 키우던 토끼 토돌이를 묻어 주기도 한 작은 정원을 빠뜨릴 수가 없다. 그리고 그때를 떠올리게 하는 맥주가 있었으니 생뚱맞게도 하와이에서 건너온 코나 롱보드 아일랜드 라거다.

어쩐지 하와이의 라거라고 하면 쨍하고 가벼운 느낌일 것 같지만, 의외로 포근하고 따듯한 맥주다. 일단 맥아의 맛은 거의 느껴지지 않는다. 맥아가 들어간 게 맞나 싶을 정도로 가벼운 맛이다. 하지만 홉의 존재감은 확실하다. 자극적이거나 강한 맛은 아니지만 누구나 '앗!'하고 놀라게 만들만 한 존재감을 보여준다. 홉은 마치 정원에 피어난 작은 풀들이 쏟아내는 작고 아기자기한 풀 내음을 닮았다. 창문을 열어놓고 누워있다가 바람결에 실려 온 풀 내음에 미소가 지어지는 것처럼, 맥주를 한 잔 마실 때마다 입꼬리가 올라간다. 반면 홉의 쓴맛은 없다. 쓴맛이 조금이라도 있었다면 오히려 이상했을 것 같다. 어린 시절의 정겨운 추억이 떠오르는 와중에 갑자기 쓴맛이 등장했다면 이 맥주에 대해 맹비난하고 다녔을지도 모른다.

간만에 소중했던 어릴 적 추억을 떠오르게 하는 눈물샘 폭격기 롱보드 아일랜드 라거. 마시는 사람 누구라도 언젠가 있었던 소중한 추억을 꺼낼 수 있을 만큼 포근하고, 정겹고, 향기로운 맥주다.

옥토버훼스트 바이젠
Oktoberfest Weizen

"검정 고무신 기영이가 먹던 바나나 맛"

헤페바이젠 Hefeweizen
대한민국 South Korea

압도적으로 달콤한 바나나 맛을
느낄 수 있는 헤페바이젠.
전 세계의 난다 긴다 하는
헤페바이젠들과 견주어도
전혀 밀리지 않는
한국 헤페바이젠의 자존심.

오해하면 안 된다. 독일 옥토버페스트에서 마시는 바이젠이 아니고, 한국의 1세대 크래프트 맥주 브랜드 '옥토버훼스트'의 바이젠이다. 옥토버훼스트는 오랜 경력과 노하우를 바탕으로 '진국' 맥주들을 보여주는 브랜드로 특히 이 바이젠은 어지간한 독일 바이젠을 능가할 정도로 깊고 진한 바나나 맛을 보여준다.

우선 맥주에서는 대형마트 바나나 판매대 그 자체의 냄새, 수십 개의 바나나가 동시에 뿜어내는 달콤한 냄새가 느껴진다. 그리고 맛은 이 냄새를 능가한다. 맥주를 마시자마자 폭발적인 바나나 맛이 느껴지는데 갑자기 문득, 까맣게 잊고 있던 추억의 애니메이션 검정 고무신이 생각난다. 요즘 젊은(?) 사람들은 모를 수도 있지만 라떼는 부모님과 함께 시청할 수 있는 최고의 애니메이션 중 하나였다. 1960년대를 배경으로 하는 만화로, 주인공 기영이는 바나나를 먹어본 적이 없었다. 그런 기영이가 어찌어찌 바나나를 난생처음으로 먹던 순간, 너무 맛있는 나머지 하늘로 뛰어오르며 울어버린다. 기영이가, 아니 어쩌면 우리 엄마 아빠가 어릴 적 처음 먹었던 바나나의 충격적일 정도로 달콤한 맛, 바로 옥토버훼스트 바이젠에서 맛볼 수 있다.

이 맥주의 바나나 맛은 어지간한 독일의 바이젠을 압도할 정도로 짙다. 심지어 바나나 또는 바나나 우유보다 더 짙다. 바나나 쓰나미가 입 안을 쓸어버리는 느낌이랄까. 그리고 중간중간 '맥'주 다운 고소한 곡물 향도 느껴지는데 덕분에 마냥 달콤하기만 하지는 않은, 제대로 만든 헤페바이젠이자 맥주라는 생각이 들게 만든다.

어릴 적 부모님과 함께 시청했던 검정 고무신, 그리고 검정 고무신을 떠올리며 부모님과 함께 마시는 달콤한 옥토버훼스트 바이젠 한 잔. 이렇게 또 우리 가족만의 즐거운 추억이 쌓여간다. 오손도손 맥주를 마시는 이 시간도 결국 언젠가 그리워할 소중한 추억이 되겠지…

맥주를 즐길 때 가장 중요한 것

―

과유불급

맥주를 마실 때 항상 기억해야 하는 말이다. 맥주는 단순한 음료, 취미가 아니다. 유난히 힘들었던 오늘을 위로해주기도 하고, 그녀와의 데이트를 멋지게 마무리해주기도 하며 내 일상을 풍요롭게 만들어주는 동반자다. 그래서 오늘은 이런 이유로 맥주를 마시고 내일은 또 저런 이유로 맥주를 마시면서 맥주와 함께 많은 추억을 만든다.

하지만 뭐든지 과하면 독이 되듯 맥주도 너무 자주, 많이 마시면 큰일 난다. 그래서 스스로 규칙을 만들고 지켜야 한다. 예를 들어 하루에 한 캔만 마시기, 혹은 하루 마셨으면 다음 날은 쉬기, 운동 안 한 날은 맥주 마시지 말기 등. 일상과 건강에 문제가 없도록 조절해야 한다.

만약 스스로 만든 규칙도 지키지 못한다면 맥주를 취미로 삼은 것을 다시 생각해봐야 한다. 그런 사람은 최악의 경우 알코올 중독에 빠질 수도 있으니까. 당신이 사랑해 마지않는 맥주, 오랫동안 건강히 즐기고 싶다면 언제나 이 말을 기억하며 맥주를 마시자.

감사의 말

평범한 직장인의 평범한 글이 멋진 책이 될 수 있게 용기를 주신 오운 출판사 정나영 대표님과 모든 관계자분께,

삶이 힘들고 고될 때마다 웃으며 떠올릴 수 있는 따듯하고 소중한 추억을 잔뜩 만들어주신 어머니께,

술에 취해 오만 가지 헛소리를 공유했던 모든 맥주 친구, 그리고 맥주에 대해 다양한 의견을 주고받았던 모든 분께,

마지막으로 인생에 다시 없을 신혼 시절, 나를 맥주와 책 쓰기에 양보해준 사랑하는 A양에게 무한한 감사의 인사를 전합니다.

참고문헌

1. 포터-스타우트에 대한 구분 의견 참고문헌
김만제, 2019, 맥주 스타일 사전 2 nd Edition, p. 189
https://www.anchorbrewing.com/blog/porter-the-entire-history/

2. 헤이지 IPA의 특징에 대한 의견 참고문헌
https://www.fullcirclebrewing.com/post/what-is-a-hazy-ipa

3. 맥주 보관에 대한 의견 참고문헌
https://www.cicerone.org/resources-links?type=1562&certification=102&syllabus_s=All&search_term=International%20English

4. 옥토버페스트-메르첸에 대한 의견 참고문헌
https://terms.naver.com/entry.naver?docId=3381253&cid=40942&categoryId=32116

INDEX

ㄱ
가펠 레몬 140p
강서맥주 68p
괌 1 라거 86p
구스 아일랜드 덕덕구스 세션 IPA 152p
구스 아일랜드 312 어반 위트 에일 164p
기네스 드래프트 40p
기네스 엑스트라 스타우트 42p
기린 이치방 시보리 64p

ㄷ
데스페라도스 146p
델리리움 녹터눔 214p
듀벨 80p
듀체스 드 부르고뉴 118p

ㄹ
라구니타스 IPA 50p
레페 브라운 124p
린데만스 뻬슈레제 112p

ㅁ
마카오 골든 에일 226p
말표 흑맥주 174p
맥스 올 몰트 비어 60p
머피스 아이리쉬 스타우트 172p

ㅂ
볼파스 엔젤맨 IPA 74p
부데요비츠키 부드바르 16p
브루독 펑크 IPA 52p
비어 라오 224p
빅드롭 브루잉 파인 트레일 페일 에일 100p

ㅅ
산토리 프리미엄 몰트 136p
생활맥주 레드 라거 230p
슈나이더 바이리쉬 헬 26p
슈나이더 바이세 탭05 호펜바이세 132p
슈나이더 바이세 탭09 아벤티누스 아이스복 192p
시스크 칠 베리 144p

ㅇ
아잉거 셀러브레이터 도펠복 170p
아잉거 우르바이스 120p
에딩거 바이스비어 28p
에히트 슈렝케를라 라우흐비어 메르첸 218p
옥토버훼스트 바이젠 234p
올드 라스푸틴 76p
인디카 IPA 72p

ㅈ
제주 누보 102p
제주 위트 에일 160p

ㅊ
첫사랑 IPA 116p
칭따오 논알콜릭 96p

ㅌ
타이거 라거 비어 158p
타이거 라들러 레몬 142p
테넌츠 비어 에이지드 위드 위스키 오크 130p
토플링 골리앗 수도수 페일 에일 182p
트라피스트 로슈포르 8 220p

ㅋ
카이저돔 켈러비어 204p
칼스버그 22p
코나 롱보드 아일랜드 라거 232p
코나 빅 웨이브 46p
코나 파이어락 페일 에일 88p
클라우드 생 드래프트 62p
클라우드 오리지널 162p

ㅍ
파슨스 블루 레이블 168p
파운더스 옥토버페스트 178p
파운더스 KBS 196p
파울라너 옥토버페스트 비어 184p
파울라너 헤페바이스비어 26p
파이어스톤 워커 마인드 헤이즈 홉피컬 크러쉬 IPA 186p
풀러스 ESB 134p
필스너 우르켈 14p

ㅎ
하디우드 필스 154p
하이네켄 오리지널 20p
호가든 32p
호가든 페어 110p
호프브로이 오리지널 206p
홉고블린 골드 90p
홉하우스 13 92p
흑백 임페리얼 스타우트 200p

D
DAB 도르트문터 엑스포트 208p

1
1664 블랑 36p

오늘의 맥주 하루를 완성하는 한잔

초판 1쇄	2023년 4월 10일
초판 2쇄	2024년 2월 28일
지은이	이성준
사진	이성준, 오운 편집팀
펴낸이	정나영
편집	오운 편집팀
디자인	제이
본문 일러스트	미드써머스튜디오, 제이
펴낸곳	오운
출판등록	제2020-000071호
주소	서울시 서초구 동산로2길 40 리라빌딩 203호
전화	031-262-1673
팩스	031-624-7673
홈페이지	www.owoon.co.kr
인스타그램	@book.owoon
전자우편	book.owoon@gmail.com (투고·편집)
	contact.owoon@gmail.com (유통·사업 제휴)
ISBN	979-11-92814-04-9 (13590)

ⓒ 이성준, 2023

*잘못 만들어진 책은 구입하신 곳에서 바꾸어 드립니다.
*저작자 이성준과 출판사 오운의 서면 허락 없이는 이 책의 내용 전체 또는 일부를 이용할 수 없으며 무단전재 및 무단복제를 엄격히 금지합니다.